Signo editores

Signo editores

NUESTRAS CIUDADES

BALEARES, CANARIAS, CEUTA, MELILLA

Edita
SIGNO EDITORES J.M. S.L.

Dirección general
Rubén Rueda López

Diseño y dirección artística
Tau Diseño

Colaboración
Thema, Equipo Editorial S.A.

© 2016 SIGNO EDITORES, J.M. S.L.
Virgilio, 25 A – Edificio Ayessa II. Ciudad de la Imagen
28223 Pozuelo de Alarcón (Madrid)

Reservados todos los derechos. Está prohibida cualquier forma de reproducción total o parcial de esta publicación
por cualquier procedimiento sin previa autorización por escrito del editor, SIGNO EDITORES J.M. S.L.

ISBN de la obra: 978-84-8447-237-7
ISBN del volumen: 978-84-8447-417-3

Depósito legal: V-4435-2010
Impresión y encuadernación: Abacus Gráfica, S.L.
Impreso en España / Printed in Spain

Sumario

Baleares

Mallorca, la isla de la calma	**13**
Un mosaico de culturas	14
Jaime I, de Sa Dragonera a Palma	15
El efímero reino de Mallorca	16
Piratería y guerras	19
Industrialización y turismo	21
Mallorca como tema	23
La capital de la isla y de la Comunidad	28
La Almudaina	29
Iglesias y conventos	31
El castillo de Bellver	32
Construcciones civiles de interés artístico	37
Edificios modernistas	38
Museos para una tranquila contemplación	38
La Seu, un templo abierto al mar	43
Antoni Gaudí y la catedral de Palma	44
Un sinfín de tesoros	49
El retablo de san Sebastián	51
Los patios de Palma	53
Las fiestas y el ocio	59
Los placeres de la mesa	62

Menorca, portuaria y señorial	**67**
Mahón	68
Muerte y esclavitud	70
La dominación extranjera	72
Un paseo por el casco antiguo	74
Parques y monumentos	78
Una ciudad revitalizada	80
El Parque Natural de S'Albufera d'es Grau	82
Ciudadela, la capital histórica	82
La naveta des Tudons	82
Una sucesión de invasiones	86
Una ciudad abierta al Mediterráneo	87
Suculentas exquisiteces	91
Fiestas y conmemoraciones	95
¿Salimos de excursión?	96

Las Pitiusas, pequeñas y atrevidas	**101**
Ibiza	102
Un desarrollo urbano determinado por las necesidades defensivas	103
El patrimonio artístico de Dalt Vila	105
La ciudad extramuros	110
De las antiguas tradiciones al moderno encanto	113
La cocina ibicenca	114
Las fiestas tradicionales	115
Las playas	119
Las Salinas	120
Formentera	121
Un pequeño enclave mediterráneo	122
Refugio de piratas	125
La iglesia y sus alrededores	125
Fiestas, tradiciones y artesanía	126

Canarias

Santa Cruz de Tenerife, islas de naturaleza pródiga	**133**
Tenerife prehispánico	135
Tenerife después de los guanches	138
Santa Cruz de Tenerife	141
Una ciudad colonial y moderna	145
Museos y ocio	150
El Auditorio	152
Carnavales y placeres culinarios	156
San Cristóbal de La Laguna	158
Callejeando por el casco antiguo	160
La catedral y la Concepción	161
Otros monumentos religiosos	165
Monumentos civiles	167
Una visita a los museos	171
Puerto de la Cruz	174
La ruta de los monumentos	176
Gastronomía portuense	179
La Orotava, una villa histórica	179
Arquitectura religiosa	183
Las casas señoriales	186
Otros lugares de interés	188
Icod de los Vinos	190
Un rico patrimonio arquitectónico	190
La Gomera	195
La isla mágica	196
La fortaleza de Chipude	200
San Sebastián de la Gomera, la villa de Colón	200
Fiestas populares	203
Gastronomía	204
La Palma	204
Santa Cruz de La Palma	205
El casco viejo	207

Edificios civiles	209
Las fiestas	212
El Hierro, la tierra de los bimbaches	213
La pequeña desconocida	214
Valverde, la villa de las brumas	216

Las Palmas: roques, playas y volcanes — **221**

Gran Canaria	222
El pueblo guanche	223
Los yacimientos guanches	226
Las Palmas de Gran Canaria	229
Un recorrido por el núcleo original de la ciudad	234
Plazas y museos	235
Un barrio marinero	238
Otros lugares de interés	238
Ocio y festejos	241
Platos típicos	244
Fuerteventura	244
Una isla de espaldas al alisio	248
Puerto del Rosario, una ciudad con encanto	250
Lanzarote, la isla de César Manrique	251
Una historia escasamente documentada	254
Arrecife, la capital	257
Un breve recorrido por la isla	260

Ceuta y Melilla

Ceuta, europea y africana — **267**

Una ciudad blanca y luminosa	268
De la leyenda a la historia	269
La llegada del islam	271
La Ceuta portuguesa y española	273
Un crisol de culturas y religiones	274
Un recorrido turístico	276
Las murallas	278
Un clima propicio para las fiestas	279
Gastronomía y ocio	280

Melilla, pequeño enclave mediterráneo — **285**

Ciudad fronteriza	286
La llegada de los musulmanes	287
El dominio español	288
Tranquilidad y dificultades	290
Sultanes y cañones	291
El siglo xx	294
Fiestas, playas y gastronomía	298
Monumentos y lugares de interés	298

baleares•baleares•baleares•baleares

1. Baleares

baleares•baleares•baleares•baleares

Mallorca
la isla de la calma

Séptima isla del Mediterráneo por su extensión, Mallorca es también la mayor y más poblada de las islas del archipiélago de las Baleares. Con un perímetro de 565 kilómetros y una superficie de 3.667 km², alcanza su máxima elevación en el Puig Major, con una altitud de 1.445 metros. Es algo más ancha que larga, de modo que entre su extremo oriental, el cabo de Capdepera, y su límite occidental, Sant Elm, comprende una distancia de 95 kilómetros, mientras que desde el punto más septentrional, el cabo de Formentor, hasta el más meridional, el cabo de Ses Salinas, la separación no alcanza los 80 kilómetros.

En este espacio relativamente pequeño enmarcado por dos cordilleras, la sierra de Tramuntana al nordeste, y las sierras de Llevant al sudoeste, que dejan espacio para una gran llanura central, se registra una extraordinaria variedad de paisajes, que constituyen uno de los principales atractivos de Mallorca. Sus rocas horadadas, sus minúsculas calas de aguas prístinas, sus promontorios con vistas privilegiadas, y los pequeños pueblos de aire rural están en la base de la fama mundial que alcanzó la isla a lo largo del pasado siglo XX gracias a los variopintos personajes que, tras enamorarse de Mallorca, publicitaron sus virtudes a través de textos tan románticos como enaltecedores de su carácter bucólico. Los yates más lujosos se disputan hoy los numerosos puertos y un turismo menos selecto frecuenta los arenales más propicios para los baños de sol y mar. Sí, Mallorca ha cambiado mucho desde la época en que la descubrieron los pioneros del turismo y de los viajes de aventura, pero algunas de sus esencias permanecen casi intactas, tanto las que le vienen dadas por la naturaleza como las que ha ido construyendo la historia, siglo tras siglo.

En la doble página anterior, la espectacular panorámica que se ofrece al viajero que llega a la bahía de Palma, con su moderno puerto deportivo, escenario de prestigiosas competiciones de regatas, y la silueta inconfundible de la catedral.

En la página izquierda, la majestuosa catedral gótica de Mallorca, con su decorativa combinación de contrafuertes, arbotantes y pináculos, se recorta imponente en el cielo y se refleja en las aguas del lago artificial.

El puerto de Cala Figuera se alza en un entorno privilegiado de gran belleza del sudeste del litoral mallorquín. En este tranquilo enclave de aguas transparentes fondean pequeñas embarcaciones de recreo.

Frente a la fachada oeste del palacio de la Almudaina están los jardines de s'Hort del Rei, un espléndido espacio de inspiración andalusí en el que se integran armónicamente juegos de agua y esculturas de artistas contemporáneos.

Un mosaico de culturas

En el curso de los primeros cinco mil años antes de Cristo, sucesivas oleadas de gentes se establecieron en Mallorca, entre ellas los llamados «pueblos del mar», que procedentes de Malta, Cerdeña y Córcega, a finales del II milenio a.C. imprimieron carácter a la isla con sus monumentos megalíticos (Sa Canova, Ses Païsses y Capicorp Vell). Sus asentamientos estables fueron el germen de muchas de las actuales poblaciones, entre ellas Palma.

Navegantes griegos visitaron con frecuencia la isla, a la que dieron el nombre de Melusa, para aprovisionarse de alimentos en el curso de sus viajes y también para establecer pequeñas avanzadas comerciales. Fue asimismo un punto de recalada habitual para los comerciantes fenicios y más tarde cartagineses, que fundaron diversas colonias. Su estancia se prolongó hasta la llegada de los romanos en el curso de las guerras Púnicas. Fue en el año 123 a.C. cuando, el ejército romano, dirigido por Quinto Cecilio Metelo, conquistó definitivamente la isla y estableció en ella dos colonias importantes, Pollentia y Palmaria.

Las consecuencias de la caída del Imperio romano se pusieron de manifiesto en Mallorca con la llegada en el año 455 de los vándalos de Genserico, que en 439 se habían establecido en Cartago y desde allí dominaron buena parte del Mediterráneo occidental. Mallorca permaneció desde el año 553 bajo la jurisdicción de Bizancio, pero el dominio de los reyes cristianos finalizó en 903 con la invasión de las huestes musulmanas. La isla quedó entonces incorporada al califato de

Córdoba, y el archipiélago recibió el nombre de Islas Orientales de al-Andalus y su capital el de Madina Mayurqa, que es la actual Palma. Tras la caída del califato, Mallorca gozó de un breve período de independencia bajo Muqatil, antes de integrarse en el taifa de Denia, de la que formó parte de 1015 a 1076. Los emires al-Murtad (1076-1093) y Mubashir (1093-1115) gobernaron de nuevo como señores independientes, después de que la taifa de Denia cayera en manos de la taifa de Zaragoza y antes de la invasión de los almorávides en 1115. Cuando éstos fueron desplazados de al-Andalus por los almohades, el clan de los Banu Ganiyya formó una vez más un gobierno independiente, que finalizó en 1203, cuando los almohades ocuparon la isla.

Jaime I, de Sa Dragonera a Palma

El dominio musulmán se prolongó hasta 1229, año en que tropas catalanas bajo el mando de Jaime I reconquistaron Mallorca, que de este modo quedó incorporada al reino de Aragón. Palma obtuvo entonces la designación de municipalidad, que incluía la totalidad de la isla, por lo que recibió el nombre de Ciutat de Mallorca, con el que se la denominó durante varios siglos. Ya en aquella época, la urbe quedó diferenciada en dos zonas separadas por una riera, la Vila de Dalt y la Vila d'Avall.

En los siglos XIV y XV el antiguo alcázar musulmán de Palma de Mallorca fue reformado en estilo gótico y se convirtió en la Almudaina, el palacio de los reyes de Mallorca y posteriormente de los virreyes y gobernadores de la isla.

Las huestes de Jaime I comparecieron ante las costas de Mallorca en septiembre de 1229 y la toma de la capital se produjo el 31 de diciembre de ese mismo año. Entre ambas fechas, los conquistadores realizaron un recorrido por los municipios de Andratx, Calvià y Palma, campaña que pasó a la historia con una mezcla de autenticidad y leyenda.

Las naves fondearon entre la isla de Sa Dragonera y la playa de Sant Elm, y según narra la crónica real de Jaime I, se celebró una misa en el islote de Pantaleu, la primera ceremonia litúrgica en territorio insular. Las crónicas cuentan también que el rey recibió allí la visita de un moro que le informó sobre el estado de las islas. La pila en la que supuestamente el rey abrevó su caballo perduró hasta 1868, cuando la destruyeron los revolucionarios para acabar con el pasado feudal.

Según la leyenda, la piedra en la que se celebró la mencionada primera misa, se conserva en la capilla de Sa Pedra Sagrada, en el kilómetro 15 de la carretera de Palma a Andratx. La capilla se edificó en 1929 en el coll de Sa Batalla, donde tuvo lugar la refriega más importante entre las huestes catalanas y las tropas musulmanas. Detrás de la capilla se encuentra el llamado en referencia al mismo episodio histórico Puig del Rei.

Más adelante, en las afueras de Palma Nova, una estilizada cruz de hierro forjado rinde tributo a los nobles catalanes Guillem y Ramon de Montcada, tío y sobrino que murieron con las botas puestas, al parecer junto al pino llamado por ello de los Montcada. La cruz se erigió en 1887 gracias al mecenazgo del archiduque Luis Salvador.

Siguiendo en dirección a Palma, se pasa junto al castillo de Bendinat, cuyo nombre quiere la tradición que se deba al hecho de que Jaime I y sus tropas comieron allí, ajos, por más señas. El castillo, de estilo neogótico, se fundó durante la época islámica. Por donde pasó con absoluta certeza el rey catalanoaragonés fue por la cercana sierra de Na Burguesa, pues en su crónica hace referencia al lugar y menciona la extraordinaria vista sobre la medina de Palma de que pudo disfrutar desde el enclave. En nuestros días, un restaurante con mirador permite contemplar la ciudad a vista de pájaro a quienes deseen emular el recorrido de Jaime I hacia la capital mallorquina.

Uno de los parques más frecuentados de Palma es el Parc de la Mar, situado junto a uno de los edificios más emblemáticos de la ciudad, la catedral. Posee un gran lago artificial de agua salada y un espectacular mural cerámico obra de Joan Miró.

Una vez en Palma, el rey acampó, según se dice, junto al monasterio de la Real, de donde parte el llamado Camí del Rei, que mientras se conservó intacto, llegaba hasta el coll de sa Batalla. En la actualidad, algunos de sus tramos forman parte de nuevas vías de comunicación. Por fin, las tropas de Jaime I entraron en Palma por la puerta de la Conquista, que por entonces llevaba el nombre árabe de puerta de Bab al-Kafol. Situada en la confluencia de la calle de Sant Miquel con la de Marie Curie, este vano de las murallas se reconstruyó tras la Reconquista y se demolió a principios del siglo XX. El rey cuenta en su crónica que en la batalla final tuvo lugar la intervención providencial de san Jorge a lomos de un caballo blanco, un episodio habitual en las narraciones históricas de la época, en las que invariablemente participaban san Jorge o Santiago a favor de los combatientes cristianos.

El efímero reino de Mallorca

A la muerte del soberano, acaecida en el año 1276, el infante Jaime creó el reino de Mallorca, que se mantuvo como tal hasta 1349. Se trataba de una institución dispersa formada por los dominios que el soberano había recibido en herencia y que incluían, además del archipiélago balear, diversos territorios, tales como los condados de Rosellón y Cerdaña. La capital se encontraba en Perpiñán. Durante todo ese período los soberanos mallorquines tuvieron poca capacidad de maniobra ante la presión de Francia y del reino de Aragón, a los que acabaron rindiendo vasallaje. Pedro el Ceremonioso puso fin a esta situación al conquistar la isla en 1343 e incorporarla

Durante la reconstrucción de principios del siglo XIV del palacio de la Almudaina se añadieron cuatro magníficos torreones almenados que rememoran su pasado como antiguo alcázar árabe.

definitivamente al reino de Aragón después de la batalla de Llucmajor, en 1349. La ciudad comenzó a experimentar una época de gran desarrollo comercial, que sirvió para su enriquecimiento y para la construcción de muchos de los monumentos que hoy se pueden admirar. No obstante, también hubo épocas de tensión como el saqueo del barrio judío llevado a cabo por los campesinos en el año 1391.

El *Atlas Catalán* (1375), de Abraham y Jadufá Cresques, es una obra cartográfica extraordinaria, en la que se recrea un mapamundi con referencias astrológicas, geográficas, de costumbres y rutas de comercio a través de exquisitas y descriptivas imágenes.

A lo largo de estos siglos, Mallorca se convirtió en un polo estratégico del comercio marítimo en el Mediterráneo. En la isla convergían las rutas hacia el norte de África, Oriente y Occidente, y en consonancia con esta situación tan excepcional, Palma pasó a ser la lonja de cambio del Mediterráneo, en competencia directa con ciudades de tanta proyección naval y mercantil como Génova y Venecia. Desde el puerto de Palma se exportaban productos de las islas, en particular tejidos mallorquines y sal ibicenca, y a sus muelles llegaban mercancías exóticas que desde aquí se distribuían hacia otras ciudades de la península Ibérica.

La boyante flota mallorquina no sólo se dedicaba al comercio, sino que participaba también en viajes de exploración, por ejemplo, por las costas del norte de África o por las islas Canarias. El florecimiento de la navegación explica el desarrollo paralelo de una actividad tan importante para los marineros como la cartografía. La familia judía de los Cresques se especializó en los portulanos, elaborados con rigor científico en la Escuela Cartográfica de Mallorca, de la que salió el famoso *Atlas Catalán*, la pieza cartográfica más valiosa y avanzada de su tiempo.

De los rasgos fundamentales de este floreciente ambiente mercantil se ha hecho eco el historiador Josep Maria Quadrado, al decir: *«Era de prosperidad y opulencia corría Mallorca a mediados del si-*

A pocos kilómetros del centro de Palma se alza el castillo de Bellver, una fortaleza gótica del siglo XIV construida por Jaume II como residencial real. Evidencian su función defensiva el profundo foso que rodea el conjunto, reforzado por las torres circulares y la torre del Homenaje.

glo XIV. Trescientas naves mayores o de gavia, de las cuales 33 eran de tres puentes, salían del puerto de la ciudad a difundir las producciones del feraz aunque reducido suelo, y los tejidos y artefactos de sus naturales, desde el estrecho de Gibraltar hasta los senos más remotos del mar Negro; desde la tostada Etiopía, Rodas, Alejandría, Jaffa y Constantinopla hasta las cenagosas playas de Flandes, eran tierras familiarizadas con el pabellón mallorquín. El comercio de Berbería, aún no conocido por los venecianos, se hallaba exclusivamente en manos de los mallorquines, que a cambio de aceites y tela extraían de allí preciosas especias y oro finísimo de Tíbar, y tenían cónsul y casa de contratación en las ciudades principales de la costa africana».

Piratería y guerras

A finales del siglo XV se produjeron numerosos ataques por parte de los corsarios apoyados por los ejércitos turcos, así como una epidemia de peste que causó grandes estragos. La población de la ciudad, lo mismo que de la isla en general, experimentó un notable retroceso. Se inició entonces un período de lenta decadencia que habría de prolongarse hasta finales del siglo XVII. Durante los siglos XVI y XVII tuvieron lugar numerosos enfrentamientos entre la aristocracia de la ciudad y la población campesina, y otros episodios violentos, como el levantamiento de las Germanías, en 1521, que condujo a una fuerte represión.

En 1715, a consecuencia de la guerra de Sucesión de España, Mallorca perdió los privilegios de los que había gozado hasta esa fecha. Palma quedó convertida en la capital de la provincia insular en 1716, con el nombre de Palma de Mallorca. Poco más tarde, con la liberalización del comercio impulsada por Carlos III, inició un nuevo período de florecimiento, y su puerto se convirtió en un importante núcleo de actividad comercial, favorecido sobre todo por el comercio con las colonias americanas.

A la izquierda, el Ayuntamiento de Palma. Se trata de una construcción del siglo XVII, realizada cuando comenzaba a superarse un largo período de decadencia y de grandes dificultades. Abajo, la plaza Mayor, muy ligada a la historia de Palma, que tuvo un período de gran desarrollo tras incorporarse al reino de Aragón, en 1349. Hoy la plaza muestra una arquitectura con rasgos renacentistas y barrocos.

Uno de los símbolos de Mallorca son los espléndidos molinos, con sus típicas aspas de madera. Abundan en el paisaje de la isla balear, y fueron construidos para extraer agua y moler grano.

Industrialización y turismo

Durante el transcurso de la guerra de la Independencia, la isla luchó a favor de Fernando VII. Con posterioridad comenzó un amplio desarrollo de la agricultura y el comercio, que se mantuvo hasta mediados del siglo XIX, al que siguieron unos años de industrialización, centrada principalmente en el calzado y los productos textiles. Pero el hecho que orientó Mallorca hacia lo que ha sido su evolución posterior fue la presencia de algunos artistas que acudieron a la isla para pintar, atraídos por su luminosidad y su naturaleza salvaje. En particular, Santiago Rusiñol y Joaquín Mir crearon, a partir de 1893, el mito de la Mallorca tranquila y mágica, la leyenda de un paraíso por descubrir que ejerció una influencia decisiva en muchos otros artistas y en el posterior desarrollo del turismo.

Nacido en Barcelona en 1861, Santiago Rusiñol pudo dedicarse sin trabas a su vocación artística gracias a su pertenencia a una familia burguesa de Barcelona. Es muy conocida su faceta de animador de las veladas modernistas que se celebraban en su casa de Sitges, pero quizá no lo sean tanto sus diversas estancias en Mallorca, que se produjeron entre los años 1893 y 1929. La huella indeleble que le dejaron esas visitas la isla la plasmó con elocuencia en su obra *La isla de la calma*, publicada en 1922, el libro al que se atribuye el fenómeno de la idealización de Mallorca. Basta con leer el arranque de la obra para comprender el porqué: «*Lector amigo: Si padeces neurastenia o te imaginas que la padeces, que ya es padecer; si estás atolondrado por los ruidos que nos ha traído la civilización, por este afán de ir más deprisa y llegar antes a donde nada tenemos que hacer; si los negocios te han llenado de números el sitio en que deberías tener lo que llamamos inteligencia; si los cines te han estropeado la vista, y aquel baileteo se te ha hecho crónico y el desasosiego ya no te deja vivir, y quieres gozar un poco del reposo que merece en esta vida quien no ha hecho daño a nadie, sígueme a una isla que te diré, a una isla donde siempre reina la calma, donde los hombres nunca llevan prisa, donde las mujeres no envejecen nunca, donde no gastan ni palabras, donde el Sol se detiene más que en ninguna parte y donde hasta la señora Luna camina más despacio, contagiada por la pereza.... Esta isla, amigo lector, es Mallorca*».

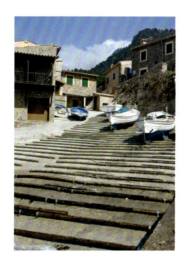

La escarpada costa mallorquina esconde entre su accidentado relieve uno de los rincones más hermosos del litoral norte, el tranquilo puerto pesquero de Valldemossa.

Desde el mismo momento de su publicación, el libro de Rusiñol sobre Mallorca se convirtió en una de las obras más populares entre las que versaban acerca de la isla, y su enfoque fascinó a muchos otros personajes ilustres. De hecho, la concepción de Mallorca como un paraíso terrenal se generalizó entre los artistas que visitaron la isla entre finales del siglo XIX y principios del XX durante períodos más o menos prolongados. De algún modo, Mallorca representaba para esos personajes una huida de la civilización urbana y materialista a la que pertenecían, y al mismo tiempo, un reencuentro personal con la naturaleza. Artistas, escritores, músicos y eruditos convirtieron Mallorca en su propia Arcadia feliz gracias a la sencilla vida rural de sus habitantes, no menos que a la belleza sobrecogedora de los paisajes, siempre bañados por una luz cambiante.

Al mismo tiempo que Rusiñol, que también pintaba, daba a conocer la isla con su famoso libro, su amigo Joaquín Mir hacia propaganda de la naturaleza salvaje de Mallorca a través de sus cuadros. Mir llegó a la mayor de las Baleares en 1900 en compañía de Rusiñol y pintó sobre todo en los alrededores de Sa Calobra, por ejemplo en el torrente de Pareix y en Valldemossa, donde descubrió infinidad de rincones propicios para la inspiración. Del impacto que le causó el lugar dan testimonio sus propias palabras, dirigidas a Santiago Rusiñol: *«Pinto en un sitio por el que sólo paso yo y alguna bestia inconsciente. El paso, en el que sólo caben, justo, los pies, es un terraplén de rocas resbaladizas que van a parar directamente al mar. Si me fallasen los pies y resbalara no creo que volviera a hablarse de mí en el mundo de los vivos. Pero cuando se está allí, Santiago, ¡Qué espectáculo! A la derecha, la cala de San Vicente, a la puesta de sol, roja, del color del fuego. El mar, azul cobalto, refleja aquellas rocas encendidas y queda también rojo como la sangre. A la izquierda los contrafuertes del castillo del Rey, a contraluz, grises a la sombra. En aquel lado, el agua toma tonos de plata. Añade los morados de las algas del fondo y el de las higueras silvestres que penden hasta tocar el agua y ¡Qué cosa, Santiago! ¡Qué locura de colores! ¡Están todos! Todos los de la paleta...».*

Al parecer, el factor que contribuyó de manera más decisiva a que Mir se trasladara a Mallorca fue la visita a la exposición del pintor belga William Degouve, que presentó en Barcelona obras de tema mallorquín. Del mismo modo, el conocimiento de sus propios cuadros atrajo a la isla a otros pintores, que contribuyeron de manera decisiva al desarrollo y la definición del paisajismo español. Entre otros muchos que colaboraron con sus creaciones a engrandecer el mito de Mallorca, cabe mencionar a Hermenegildo Anglada-Camarasa, Eliseu Meifrén, Joan O'Neille, Antoni Ribas, Pedro Blanes Viale o Antoni Gelabert. Cipreses, pinos y almendros, desfiladeros, rocas y montañas, calas y ermitas, ruinas y casas rurales se convirtieron en tema principal de inspiradas composiciones bañadas de luz y color.

Mallorca cuenta con numerosos atractivos culturales, pero sin duda uno de sus mayores reclamos de la isla son las recónditas calitas de aguas cristalinas y las largas playas de arena blanca equipadas con todos los servicios.

La cartuja de Valldemossa da renombre a esta pequeña población situada en el corazón de la sierra de Tramuntana. Fundada por monjes cartujos, a los que Martín el Humano había cedido todas las posesiones de Valldemossa en 1399, alojaron visitantes ilustres en sus celdas.

Mallorca como tema

Antes incluso que estos abanderados de la belleza de Mallorca, ya habían aportado su granito de arena a la fama de la isla otros personajes que la frecuentaron a lo largo del siglo XIX. El pianista polaco Frederic Chopin se alojó en la cartuja de Valldemossa junto con su compañera George Sand, que años más tarde escribió *Un invierno en Mallorca* (1842) a modo de compilación de sus recuerdos sobre la estancia en la isla. Mallorca no fue muy del agrado de George Sand, debido en parte a la enfermedad de Chopin y a que nunca trató de integrarse con los lugareños, sino que optó más bien por el aislamiento, pero aun así, su obra contribuyó a dar a conocer la que Rusiñol bautizaría más tarde como isla de la calma. Prueba de la difusión del libro de Sand es el que escribió pocos años después el intelectual barcelonés Juan Cortada, que con su *Viaje a la isla de Mallorca en el estío de 1845* se propuso contrarrestar los aspectos negativos señalados por la escritora francesa. Tanto Sand como Cortada viajaron a Mallorca en el vapor *El Mallorquín*, que trasladaba cerdos al mismo tiempo que seres humanos. George Sand se quejó de ello en una carta dirigida a una amiga: *«Hemos viajado en el barco a vapor en compañía de cien cerdos cuyo olor infecto y gritos feroces no han contribuido a curar a Chopin»*. No mucho después llegó a Mallorca el archiduque Luis Salvador de Austria, que atracó en el puerto de Palma a bordo del buque *Jaime II* en 1867, cuando contaba 20 años. Desde aquel mismo momento, el aristócrata se prendó de la isla: *«Muy pocas ciudades ofrecen al recién llegado una imagen tan bella; en pocas se unen forma y color para pasar a formar un todo que sea tan completamente armónico»*.

Uno de los rincones más atractivos de la cartuja de Valldemossa es el encantador patio del claustro, un oasis de paz y serenidad que invita al recogimiento y a la reflexión.

El núcleo urbano de Valldemossa, en el que destacan el conjunto monumental de la cartuja y el espléndido edificio del Palacio Real, está configurado por sus pintorescas callejuelas cuyo encanto y belleza han inspirado a artistas de todos los tiempos.

Explorador incansable, aventurero, escritor de libros de viajes y amante de la belleza y de la erudición, el archiduque Luis Salvador adquirió en Mallorca un gran número de fincas, casi todas en la sierra de Tramuntana, que en algunos casos se han acondicionado como museos. La primera de sus posesiones en la isla fue Miramar, en Valldemossa, donde recibía a las numerosas personalidades que le rendían visita; entre otras, el pintor y escritor francés Gaston Vuillier, el botánico Roberto H. Chorat, la escritora Margarita d'Este, el naturalista español Odón de Buen, su buena amiga la emperatriz Sissi de Austria, o los escritores Jacinto Verdaguer y Rubén Darío. Este último llegó a Mallorca en 1913 y allí empezó a escribir una novela de cariz autobiográfico que nunca logró concluir, titulada *La isla de oro*.

La voluntad de integración del archiduque en la sociedad mallorquina, tan valorada por los lugareños, se tradujo, entre otros aspectos, en que aprendió catalán para relacionarse mejor con las gentes de la isla. Una de sus fincas, S'Estaca, en los alrededores de Valldemossa, la antigua residencia del archiduque Luis Salvador de Habsburgo, pertenece al actor estadounidense Michael Douglas, cantor también, como tantos otros, de las bondades de Mallorca.

La sierra de Tramuntana es la formación montañosa más grande de la isla mallorquina y un espacio natural de extraordinario valor ecológico. Sus soberbias formaciones geológicas, relieves y acantilados albergan una excepcional variedad animal y vegetal.

Desde los primeros compases del siglo XX, la llegada de personajes singulares a Mallorca ya nunca se detuvo. En 1929, Gordon West publicó unos apuntes, *Jogging round Mallorca*, que alcanzaron una fama inusitada tras su reedición en 1994. Por no hablar de Robert Graves, que explicó su predilección por la isla diciendo: *«¿Por qué vivo en Mallorca? Elegí Mallorca para establecer mi hogar hace un cuarto de siglo porque su clima tenía fama de ser el mejor de Europa. Y porque me aseguraron que en Mallorca podría vivir con la cuarta parte de lo que necesitaba en Inglaterra. Una vez allí, de todo Mallorca elegí Deià, un pequeño pueblo de pescadores y productor de aceitunas, situado en la montañosa costa noroeste de la isla».*

En el mismo año que Graves publicó *Por qué vivo en Mallorca* (1953), Albert Vigoleis dio a la imprenta *La isla del segundo rostro*, redescubierta en 1982 con gran éxito. En fin, la lista de las personas distinguidas que han pasado por Mallorca y que han contribuido a su aura sería interminable. De ese elenco de personajes se hace eco *Mallorca siglo XX, un destino obligado*, un libro editado por las autoridades de la isla que pretende compendiar la fascinación que ha ejercido en tantas personas a lo largo del siglo XX, una seducción que sin duda ha convertido Mallorca en lo que hoy es. En ese nutrido grupo de avaladores de Mallorca no se puede pasar por alto

En el norte de la isla, el cabo de Formentor ofrece un espectáculo paisajístico de inusitada belleza con unos grandiosos acantilados tallados por la acción milenaria de la naturaleza.

a Camilo José Cela, quien en mayo de 1959 puso en marcha las Conversaciones literarias de Formentor, unas tertulias sobre literatura que se celebraban en el marco del hotel Formentor. Carmen Laforet o Jaime Gil de Biedma se contaron entre los participantes en esos encuentros de los que salieron, dos años después, los premios Formentor, orientados a la divulgación de obras inéditas. Interrumpidas durante algún tiempo, las Conversaciones literarias de Formentor se reanudaron en agosto de 2008, impulsadas por autores de la talla de Carlos Fuentes o José Manuel Caballero Bonald, y desde entonces, reúnen a representantes de los diversos ámbitos literarios para discutir sobre los aspectos más en boga en cada momento del mundo editorial.

Gaston Vuillier (1847-1915), en *Viaje a las islas Baleares*, primera parte de *Las islas olvidadas*, escribió: «*A veces se recortan en la costa promontorios cortados a pico, de una altura considerable, dejando entre ellos calas de formas caprichosas en el fondo de las cuales pueden distinguirse unas cuantas construcciones, cabañas de pescadores perdidas en este desierto de roca. Es peligroso navegar por este paso, que no puede atravesarse con mal tiempo, pues está sembrado, en su parte central, de arrecifes muy peligrosos. La costa sudoeste de la isla, que seguimos hasta el cabo Cala Figuera es muy accidentada, árida, llena de hendiduras y precipicios. Embocamos la bahía de Palma en el momento en que se levanta el sol, que inunda de rayos la capital de Mallorca, sus iglesias, sus edificios, sus monumentos de aspecto árabe, sombreados de palmeras; y brillan al fondo sus casas blancas sobre un fondo de montañas anegadas de vapores, mientras los molinos de viento, alineados a lo largo de la costa, se agitan con toda la velocidad que dan de sí sus largos brazos móviles. Estamos ya en el puerto, los muelles presentan una animación extraordinaria: han venido a ver el vapor; es una de las grandes distracciones de los habitantes de la ciudad. Unas barcas rodean el barco; se precipitan hacia nosotros ligeras galeras tiradas por mulas o caballos a todo galope; todo este mundo hormiguea a plena luz, bajo el cielo azul, ante el maravilloso marco de la ciudad llena de sol*».

El puerto de Palma de Mallorca no está destinado únicamente a las embarcaciones de recreo y pesqueros. Se utiliza además para el transporte de mercancías y de pasajeros que llegan en cruceros y ferrys.

En 1900 Palma tenía una población cercana a los 64.000 habitantes, siguiendo un ritmo de crecimiento muy regular hasta 1960, cuando contaba con 159.000 habitantes. Desde entonces, el boom turístico generó un crecimiento demográfico espectacular, que ha rebasado a principios del tercer milenio la cota de los 400.000 habitantes, y ha transformado social y económicamente la ciudad y la isla.

La capital de la isla y de la Comunidad

Palma, la capital de Mallorca y de la Comunidad Autónoma de las Islas Baleares, refleja en sus calles y playas el paso del tiempo: notables monumentos árabes y cristianos en el casco antiguo e instalaciones contemporáneas en la ciudad moderna, volcada a los servicios y al turismo.

La ciudad, asentada en la costa sudoccidental de la isla, se levanta en el fondo de la bahía de su nombre, sobre una ligera prominencia del terreno que la hace destacar del mar. Aquí los distintos grupos humanos que a lo largo de los siglos se han ido asentando han dejado un gran número de recuerdos históricos.

El casco antiguo viene delimitado por lo que fueron las viejas murallas medievales, de las que sólo queda una reducida parte, orientada al mar, pues el resto fue derribado a principios del siglo XX. Por consiguiente, ocupa el espacio comprendido hoy entre las grandes avenidas de la ciudad y el mar. Este casco antiguo tiene sus raíces en los tiempos de Jaime I, cuando sufrió su gran transformación, estableciéndose las calles que hoy configuran el centro y construyéndose muchos de los principales monumentos que hoy persisten.

El ensanche rodea la ciudad antigua, por la parte de afuera del perímetro original de las murallas, y es fruto de las necesidades surgidas a consecuencia del considerable incremento de la población que ha experimentado Palma.

Cabe citar tres planes urbanísticos principales que han configurado esta área de Palma. El primero data de 1897 y es obra del arquitecto Calvet. El segundo tuvo lugar en 1917 y lo dirigió Bennasser, y el tercero, de 1943, es fruto de Alomar. A partir de mediados del siglo XX, pero en particular a partir de la década de 1960, con la llegada del turismo, se incrementó la presión urbana para atender a la creciente población flotante y se desarrolló una amplia área metropolitana.

La Almudaina

Entre los numerosos monumentos que el visitante puede contemplar en su recorrido por el casco antiguo de Palma destaca la Almudaina o Palacio Real de la Almudaina. Está situado frente a la catedral, con vistas al puerto viejo. Se construyó entre los años 1281 y 1343 sobre las ruinas del antiguo alcázar musulmán, que a su vez se levantó sobre el núcleo de lo que fue la ciudad romana, y sirvió de residencia a los soberanos del reino de Mallorca.

Los bellos jardines del palacio de la Almudaina, con fuentes y estanques contrastan con el origen militar del edificio.

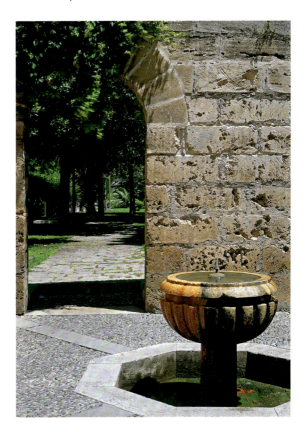

Es de planta rectangular y está cerrada mediante muros de gran altura, que ponen de manifiesto su destino original de fortaleza, con cuatro torres de base cuadrada. En su interior se encuentra hoy alojado el Museo de Bellas Artes. Constituye la última de las grandes obras del gótico en toda la isla y en la actualidad sirve también para celebrar recepciones cuando acuden los reyes de España a la ciudad. Destacan de este monumento la capilla gótica de Santa Ana, con una magnífica portada románica, el salón gótico o «Tinell», el patio de la Reina y la torre del Homenaje, en la que se ven todavía algunos restos de origen romano y árabe.

Del palacio de la Almudaina recibe su nombre la calle homónima, limitada en uno de sus extremos por la Portella, uno de los vanos que se abrían en las antiguas murallas. En esta calle de gran empaque señorial se alinean varios de los palacios más hermosos de Palma. Por ejemplo, Can Oleo, una bonita mansión del siglo XV con escalera gótica, o Can Truyols, conocida igualmente como Can Oms, un regio edificio del siglo XVIII. En el número 9 se sitúa Can Bordils, llamada también Can Villalonga-Escalada, una mansión con ventanas renacentistas y escudos en la fachada. El patio, de planta cuadrada, presenta arcos en sus cuatro lados y un artesonado en una de sus galerías. Otro artesonado del siglo XVI puede admirarse en el primer piso.

Lo que la calle de la Almudaina es al casco antiguo lo es el paseo del Born a la Palma moderna. Este paseo bordeado de plátanos que sigue el curso de una antigua riera, responsable de más de un sobresalto, está flanqueado de bares y comercios y sirve de lugar de encuentro y de paseo.

En el exterior, la Almudaina, situada frente a la catedral, se presenta como una construcción fortificada de muros almenados en la que se abren decorativas ventanas de distintos estilos.

Algo parecido puede decirse del alegre y cosmopolita paseo Marítimo de la ciudad, la primera estampa de Palma que contemplan los visitantes procedentes del mar. Sombreado por palmeras y naranjos, discurre a lo largo de la bahía de Palma y ofrece buenas vistas de la catedral y del puerto, además de contar con una animada zona de ocio.

Los baños árabes, del siglo IX, se encuentran en Can Serra, cerca del Museo de Mallorca. Su recinto es el único edificio del período musulmán que se conserva en la actualidad. A través de un jardín se accede a la estancia principal. Es de planta cuadrada y posee doce columnas, con unos arcos de herradura en muy buen estado y sencillos capiteles, así como una cúpula de claraboyas para permitir el paso de la luz. A pesar del tiempo transcurrido desde su construcción, los baños árabes nos permiten disfrutar del ambiente de relajación que caracterizaba a estas instalaciones civiles tan importantes en la cultura musulmana.

Iglesias y conventos

La iglesia de Santa Eulalia, situada en la plaza del mismo nombre, data de los siglos XIII-XIV y es la más antigua de la ciudad. Ha sufrido varias modificaciones, entre ellas la efectuada en los primeros años del siglo XX, que alteró su fachada principal, que se presenta en estilo neogótico. La iglesia de Sant Miquel, en la calle del mismo nombre, se construyó en el siglo XIV en estilo gótico, pero quedó muy deteriorada con el transcurso del tiempo y en el siglo XVII experimentó una reforma muy extensa, imponiéndose en ella el estilo barroco de la época. La iglesia de Sant Jau-

A la izquierda, puerta de los baños árabes del siglo IX, que da acceso a los arbolados patios. Abajo, la magnífica portada barroca de la iglesia de Montesión de Palma de Mallorca, del siglo XVII. Preside la fachada la imagen de la Inmaculada Concepción, flanqueada por san Ignacio y san Francisco Javier.

me, en la calle homónima, es un templo gótico cuya construcción se prolongó entre los siglos XIV y XVI. Consta de una nave y seis capillas a cada lado.

El convento de San Francisco, en la plaza que lleva su nombre, se construyó entre los años 1281 y 1384 y posee un magnífico claustro gótico flamígero. Entre las reformas sufridas destaca la de finales del siglo XVII, época en que se remodeló su fachada, en estilo barroco. En la iglesia descuellan el rosetón y un retablo barroco en el altar mayor, así como el sepulcro gótico del filósofo y teólogo mallorquín Ramón Llull, nacido en la ciudad en 1235 y muerto en 1315.

En la iglesia del convento de San Francisco, tras el altar mayor, se halla el sepulcro gótico del insigne Ramón Llull, filósofo y teólogo nacido en la isla de Mallorca, esculpido en 1487.

El castillo de Bellver

Construido en el estilo gótico de la época entre los años 1300 y 1310 por orden del rey Jaime II, el castillo de Bellver se levanta sobre un promontorio de algo más de cien metros, situado a unos 2,5 kilómetros del centro urbano, en el lado oeste de la bahía de Palma y rodeado de un bosque. A falta de datos exactos sobre su proceso de construcción, se presume que lo concluyó Sancho I el Pacífico, el sucesor de Jaime II en el trono de Mallorca, que fue además el principal usufructuario del edificio, pues durante el reinado de Jaime III dejó de ser residencia real. En lo sucesivo sirvió ante todo como presidio, con presos ilustres como la reina Violante, el ministro Jovellanos o el republicano Valentí Almirall, y muchos de los allí encerrados dejaron algún recuerdo en sus paredes, desde dibujos de barcos hasta caballos, iniciales y fechas. La inscripción más antigua data de 1419. Asaltado en 1521, en el curso de la revuelta de las Germanías, los salteadores se mostraron tan agresivos que acabaron con la vida de cuantos moraban por entonces en la fortaleza.

De 1802 a 1808, el castillo de Bellver alojó a su prisionero más distinguido, Gaspar Melchor de Jovellanos, el famoso ilustrado que desempeñó numerosos cargos oficiales antes de perder la libertad por causa de sus avanzadas ideas. Durante su retiro en Mallorca, Jovellanos escribió *Memoria del castillo de Bellver*, una descripción histórico-artística del edificio redactada entre 1805 y 1808. En realidad, Jovellanos la llamó simplemente *Memorias histórico-artísticas*, pero se publicó bajo el título mencionado, más sugestivo. Gracias a la composición de este texto, Jovellanos logró llenar las largas horas de sus años de encierro. Dirigió las *Memorias a su amigo Juan Agustín Ceán Bermúdez*, y en ellas incluyó dos monografías y cuatro apéndices: *Descripción panorámica del castillo de Bellver*, dedicada a la ciudad de Palma y a su bahía, *Descripción histórico-artística del castillo de Bellver*, y los adjuntos dedicados al convento de Santo Domingo, al de San Francisco, a la Lonja y a la catedral de Palma. Ya en 1808, tras salir de su encierro, escribió la obra de corte autobiográfico titulada *Diario de viaje desde Bellver a Jadraque. Regreso del destierro*.

El castillo de Bellver fue construido entre 1300 y 1310 por orden de Jaime II, con un objetivo defensivo, sobre un cerro y en medio de un bosque. Tiene tres torres semicirculares y la de homenaje redonda, unida al edificio central por una pasarela.

El castillo de Bellver es una construcción con fines defensivos, aunque su aspecto resulta más propio de una residencia veraniega. Tiene planta circular, con tres torres semicirculares adosadas a la estructura y una cuarta, circular, dispuesta a unos siete metros del cuerpo del castillo y unida a él sólo por medio de una pasarela. El patio central muestra una hermosa galería de arcos. Puede visitarse a lo largo de todo el año, aunque las salas y los museos que alberga cierran los domingos y días festivos.

Melchor Gaspar de Jovellanos, en *Memorias del castillo de Bellver* (1805), escribió: «*A cosa de media legua, y al oeste sudoeste de la ciudad de Palma, se ve descollar el castillo de Bellver, al cual nuestras desgracias pudieron dar alguna triste celebridad. Situado a medio tiro de cañón del mar, al norte de su orilla y a muchos pies de altura sobre su nivel, señorea y adorna todo el país circunyacente. Su forma es circular, y su cortina o muro exterior la marca exactamente; sólo es interrumpida por tres albaracas o torreones, mochos y redondos, que desde el sólido del muro se avanzan, mirando al este, al sur y al oeste, y le sirven como de traveses. Entre ellos hay cuatro garitones, circulares también, y arrojados del parapeto superior, los tres abiertos, y al raso de su altura, otro cubierto y elevado sobre ella. Iguales en diámetro y altura hasta el nivel de la plataforma, empiezan allí a disminuir y formar un cono truncado y apoyado sobre cuatro columnas colosales, que, resaltadas del muro, los reciben en su collarín, y bajan después a sumirse en el ancho vientre del talús. Escóndese éste en el foso, y sube a toda su altura, formando con el muro del castillo un ángulo de cuarenta y cinco grados, y girando en torno de él y de sus torres. El foso, que lo abraza todo, es ancho y profundísimo, y sigue también la línea circular, salvo donde los cubos o albaracas le obligan a desviarse y tomar la de su proyectura. En lo alto, y por fuera del foso, corre la explanada, con débiles parapetos, ancha y espaciosa, pero sin declives, y siguiendo siempre la forma y líneas que el foso le prescribe*».

El magnífico patio de armas del castillo de Bellver presenta una doble galería de arcos de medio punto, soportados por columnas cuadradas en la planta inferior, y ojivales, entrecruzados con columnas octogonales en la superior.

La planta baja tiene techos planos y arcos de medio punto. En ella se encuentra el patio de armas y allí se aloja el Museo de Historia de la Ciudad, con piezas históricas y obras de arte que muestran las diferentes etapas por las que ha pasado el desarrollo de Palma, desde la remota Edad del Bronce hasta la urbe moderna. Por encima está la planta noble, con arcos apuntados y una hermosa bóveda de crucería de estilo gótico. Aquí se encuentran la capilla de San Marcos, el salón del trono y varias dependencias del palacio, la sala de Jovellanos y la colección Despuig de escultura clásica.

Jovellanos describe estos salones con el ardor romántico que se iba colando en las obras de la literatura española: *«Pero en otro tiempo y situación, ¡cuán diferentes escenas nos presentarían estos salones, hoy desmantelados, solitarios y silenciosos! ¡Cuál sería de ver a los próceres mallorquines cuando, después de haber lidiado en el campo de batalla o en liza del torneo a los ojos de su príncipe, venían a recibir de su boca y de sus brazos la recompensa de su valor! Y si la presencia de las damas realzaba el precio de esta recompensa, ¡qué nuevo entusiasmo no les inspiraría, y cuánto al mismo tiempo no hincharía el corazón de los escuderos y donceles, preparándolos para estas nobles fatigas, bien premiadas entonces con sólo una sonrisa de la belleza! ¡Y qué si los consideramos cuando en medio de sus príncipes y sus damas, cubiertos, no ya del morrión y coraza, sino de galas y plumas, se abandonaban enteramente al regocijo y al descanso, y pasaban en festines y banquetes, juegos y saraos las rápidas y ociosas horas! El espíritu no puede representarse sin admiración aquellas asambleas, menos brillantes acaso, pero más interesantes y nobles que nuestros modernos bailes y fiestas, pues que allí, en medio de la mayor alegría, reinaban el orden, la unión y el honesto decoro; la discreta cortesanía templaba siempre el orgullo del poder, y la fiereza del valor era amansada por la tierna y circunspecta galantería».* Rematándolo todo está la terraza, desde la que se contempla una magnífica vista de la bahía en su amplitud y de la ciudad, así como de la sierra de Tramuntana.

Una serie de salas situadas en torno al patio de armas acogen el Museo de Historia de la Ciudad.
En la segunda planta está la capilla de San Marcos, la sala de Jovellanos y esculturas clásicas de la colección Despuig.

Construcciones civiles de interés artístico

La Lonja, en la plaza Sa Llotja, es una de las principales muestras del gótico civil en España. Obra de Guillem Sagrera, fue construida entre los años 1426 y 1448. Destacan sus altas ventanas y constituye un símbolo del auge económico de toda la isla durante aquella época, como lugar de reunión de los comerciantes y bolsa donde se cerraban los tratos entre ellos.

El Consulado del Mar, en el paseo Sagrera, cerca de la Lonja, data del siglo XVII y fue construido en estilo renacentista y manierista. Aquí se encontraban alojados los tribunales que regulaban las cuestiones relacionadas con el mar y en la actualidad sirve de sede para la presidencia del gobierno de la Comunidad Autónoma. La planta noble está formada por una hermosa galería plateresca con cinco arcos rebajados que se apoyan sobre columnas anilladas, así como una balaustrada. Cabe destacar en el exterior del edificio la impresionante fachada de tres pisos.

El Ayuntamiento, situado en la plaza de Cort, se construyó entre los años 1649 y 1680. Consta de tres plantas, obra de los escultores Homs y Carbonell. La planta principal tiene un balcón corrido con siete aberturas, mientras que la planta baja consta de dos portales de grandes dimensiones, una tribuna central y un banco corrido. Destaca en su exterior la hermosa fachada barroca y el remate superior, un gran alero que se extiende bastante más allá de la superficie del edificio y que está sostenido por una serie de figuras talladas por Gabriel Torres en 1680. Al lado, un edificio neogótico sirve de sede al Consell Insular de Mallorca. Ambas construcciones otorgan carácter a la dinámica plaza de Cort, en la que confluyen algunas de las calles más comerciales del casco antiguo de Palma.

Preside la fachada principal de la Lonja, que da a la plaza Sa Llotja, una bella escultura realizada por el propio arquitecto del edificio, Guillem Sagrera, que representa el Ángel defensor de la Mercadería.

A la izquierda, la fachada de la Lonja, con ventanales góticos de primorosa tracería y la magnífica portada. Abajo, la gran sala interior, un espacio espléndido con las seis columnas helicoidales de las que parten las nervaduras de las refinadas bóvedas góticas.

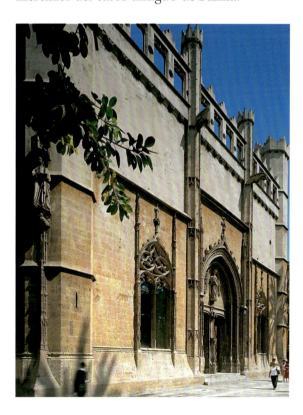
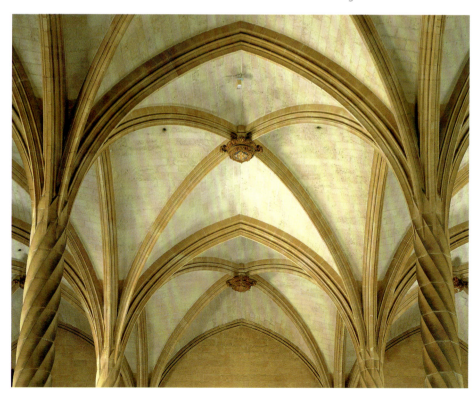

Al lado, Can Corbella, una interesante construcción premodernista con detalles neomudéjares, de finales del siglo XIX, que se levanta en la plaza de Cort. A la derecha, el edificio El Águila, de Gaspar Bennazar y Jaume Aleñar, destinado a comercios, es representativo del estilo modernista adoptado en Palma de Mallorca.

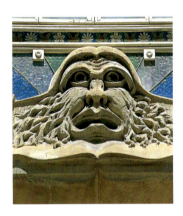

Máscaras humanas con formas vegetales decoran la fachada de Can Forteza Rey, otro ejemplo de construcción modernista, en la plaza Marqués del Palmer.

Edificios modernistas

Varios edificios singulares confieren a la ciudad su especial atractivo. Así, por ejemplo, Can Corbella, en la plaza de Cort, una casa de finales del XIX en estilo premodernista, con caracteres neomudéjares y espléndidas vidrieras de colores.

El antiguo Círculo Mallorquín, en la calle Conquistador, data de 1912 y es obra del arquitecto modernista Miquel Madorell i Rius. También modernista es Can Coll, en el paseo Sagrera, cerca de la Lonja. Data de los años 1906-1907 y es obra de Gaspar Bennazar y Jaume Aleñar, con elementos de mucho interés, como la guirnalda del techo y la conformación de las ventanas. Can Forteza Rey, en la plaza Marqués del Palmer, es obra de Lluís Forteza Rey, joyero y gran admirador del modernismo, que diseñó el edificio, lo mismo que algunas otras obras de la ciudad. Junto a este inmueble encontramos El Águila, de Gaspar Bennazar y Jaume Aleñar, destinado a comercios y de estilo modernista en la línea vienesa.

En la plaza del Mercat, llamada ahora plaza Weyler, podemos admirar el antiguo Gran Hotel (actual Fundación La Caixa), construido en 1903 por el arquitecto Lluís Domènech i Montaner, y casi enfrente Can Casayayas, dos edificios de Francisco Roca Sima, uno del año 1908 y el otro de 1909, con bellos ornamentos geométricos, y la fachada ondulada.

Museos para una tranquila contemplación

Palma es una ciudad de intensa vida cultural y artística, y prueba de ello son los museos y las galerías de arte. Uno de los principales es el Museo de Mallorca, en la calle de la Portella. Ubicado en el antiguo palacio Desbrull, construido en el año 1634 en estilo tradicional de la isla, pero con elementos barrocos. Durante los siglos XIX y XX experimentó grandes reformas. En él se exponen colecciones que abarcan toda la historia de la ciudad, y de la isla en general, desde los tiempos prehistóricos, con importantes restos arqueológicos, hasta el siglo XIX, con un gran número de pinturas y mobiliario de cada época. Está dividido en tres secciones que permiten hacer un interesante recorrido por la historia de la isla: arqueología, que recoge piezas hasta la época musulmana, bellas artes, para la pintura, y artes industriales y etnografía. Puede visitarse todos los días de la semana excepto los lunes, que es el día de descanso del personal.

El Museo de Arte Moderno y Contemporáneo, conocido también como Es Baluard, se inauguró en el año 1990, pero ha sido sometido a varias reformas, destacando los últimos trabajos, durante 2003, que permitieron su reinauguración el 30 de enero de 2004. Se encuentra alojado en un edificio del siglo XVIII de estilo regionalista situado en la calle Sant Miquel, una calle peatonal muy concurrida y no lejos de la plaza Mayor porticada. Posee un magnífico patio con una escalera de dos vertientes. En sus salas se ofrece una exposición permanente de más de setenta obras de artistas españoles del siglo XX, entre las que sobresalen las de Picasso, Juan Gris, Miró o Dalí, junto a Tàpies, Cuixart, Millares, Feito, Saura, Manuel Rivera, Canogar, Sempere o Alfaro, por citar sólo algunos de los más de cincuenta nombres presentes en sus salas. La colección procede en su mayor parte de la que la Fundación Juan March inició en 1973. Además, se organizan exposiciones

Las líneas simples y vanguardistas de Es Baluard se enlazan armoniosamente con las murallas renacentistas. El edificio se estructura en diversas plantas que se comunican con rampas, claraboyas y balconadas, creando un interesante juego de espacios y alturas.

temporales donde se muestran las últimas tendencias y los más destacados artistas modernos. El Museo Diocesano está alojado en el palacio Episcopal, entre la catedral y el puerto. Se trata de un edificio gótico construido entre los años 1238 y 1473, cuya fachada se completó más tarde, en 1616, en estilo manierista. En él puede contemplarse una colección de diversos objetos religiosos, tallas y otras obras de arte.

La Fundación La Caixa, en la plaza Weyler, ocupa el antiguo Gran Hotel, un edificio modernista obra de Lluís Domènech i Montaner, uno de los principales arquitectos impulsores de este estilo. La fachada, restaurada, ha recuperado muchos elementos que habían desaparecido, y su interior se ha reformado para convertirlo en salas de exposiciones y centro cultural.

Mirador acristalado decorado con motivos florales de La Fundación La Caixa.

La Fundación March, situada en la calle Palau Reial, junto a la catedral y la Almudaina, ocupa un palacio que comenzó a construirse en 1939 sobre el antiguo solar del convento de Santo Domingo. Su estilo se inspira en la arquitectura señorial mallorquina e italiana, así como en las líneas renacentistas de Juan de Herrera. Numerosos artistas colaboraron para llevar a cabo esta obra, aportando elementos nuevos pero también antigüedades de muy diverso origen. En ella sobresalen la portada de mármol de Carrara de la *loggia*, la ventana renacentista de la calle Palau Reial y los artesonados mudéjares del siglo XVI. En el interior destacan las pinturas murales de Josep María Sert. La Fundación dispone de una biblioteca, inaugurada en 1970, con más de 70.000 volúmenes, 1.800 manuscritos y 21 incunables, así como una valiosa colección de cartas náuticas. Alberga también una colección de escultura contemporánea, con obras de Moore, Chillida y Alfaro, entre otros muchos, y en sus paredes expone telas de Picasso, Miró, Dalí y de autores vanguardistas.

El Museo Krekovic, en la calle Ciutat de Querétaro, es básicamente una exposición de la obra del pintor croata Kristian Krekovic, que pasó 25 años de su vida en la isla. También se exponen pinturas de gran formato sobre temas históricos y personajes de Mallorca y obras de diversos autores hispanoamericanos. En 1985 se inauguró el Casal Solleric en su nueva función de Centro de Exposiciones gestionado por el Ayuntamiento de Palma de Mallorca. La visita a las muestras que allí se celebran permite conocer, al mismo tiempo, la arquitectura de este palacio de mediados del siglo XVIII, cuya fachada con hermosa galería a la italiana se abre al paseo del Born. Construido en estilo barroco por Gaspar Palmer, luce trabajos de forja y decoración escultórica debidos al famoso herrero italiano Antonio Soldati. Su patio, uno de los más armoniosos de Palma, presenta una escalera de dos tramos.

También el Centro Cultural Contemporáneo Pelaires tiene su sede en un antiguo palacio, Can Verí, que perteneció a esta familia desde 1447 hasta 1806, en que lo adquirieron los Sureda d'Artà, nombre con el que también se conoce el edificio. Dedicado a su nuevo uso desde 1990, presenta una gran ventana renacentista en la fachada y un amplio vestíbulo cubierto con artesona-

La Fundación La Caixa tiene un centro cultural y salas de exposiciones en el antiguo Gran Hotel, un edificio modernista realizado por el arquitecto Lluís Domènech i Montaner, que se levanta en la plaza Weyler.

Uno de los talleres de Joan Miró, en cuyas obras se evidencia su proceso creativo. Se encuentra en la Fundación Pilar i Joan Miró de Palma.

do desde el que se accede a la tienda de arte, rematada asimismo con un techo de madera muy antiguo decorado con motivos heráldicos. También puede verse, en la puerta de entrada a la tienda, un escudo que presenta las tres lunas menguantes identificadoras de la familia Verí. El patio data de la reforma del siglo XIX, y en diversos puntos del edificio aparecen elementos góticos y renacentistas.

La Fundación Pilar i Joan Miró, en la calle Joan de Saridakis, ocupa un moderno edificio de hormigón y alabastro, diseñado por Rafael Moneo. Cuando Joan Miró murió en 1983, tras haberse instalado en Mallorca en el año 1956, su viuda emprendió la tarea de crear un museo donde se explicara y expusiera la trayectoria profesional del artista. Consta de una amplia exposición compuesta por 112 cuadros, 900 dibujos y grabados y diversas esculturas, que forman la colección permanente del museo. El recinto engloba también los talleres del artista, uno de ellos diseñado por Josep Lluís Sert.

Otro lugar de interés de la ciudad, aunque de un carácter completamente distinto, es el Pueblo Español, concebido para el esparcimiento de los palmenses y también de los visitantes de la ciudad, situado en el barrio de Son Espanyolet. Inaugurado en la década de 1960, incluye un centenar de edificios que pretenden ofrecer un muestrario de lo más representativo de la arquitectura española desde la época de la dominación musulmana hasta nuestros días. A diferencia del Pueblo Español de Barcelona, que se centra en la arquitectura popular, éste reproduce recintos monumentales, como el patio de los Arrayanes de la Alhambra de Granada o la plaza Mayor de Salamanca. En su pintoresco conjunto de calles y plazas los pequeños comercios ofrecen productos tradicionales de cada una de las regiones. Se trata de un complejo arquitectónico crecido con el auge de la actividad turística de la isla.

La Seu, un templo abierto al mar

La catedral de Palma, a la que los mallorquines llaman La Seu, comenzó a construirse durante el reinado de Jaime I. Está dedicada a la Virgen María, pues según la leyenda así lo prometió el soberano tras pedir su intercesión para vencer a los musulmanes, aunque otra versión dice que fue en cumplimiento a la promesa que hizo cuando se vio envuelto en una fuerte tormenta mientras sus naves se acercaban a la isla y que puso en peligro su empresa.

«No deseo que algún día se levante aquí alguno de aquellos rascacielos horrorosos que me rodean», escribió el genial artista catalán Joan Miró, radicado en Mallorca desde 1956. Por eso, en 1981, dos años antes de morir, creó la Fundación Pilar i Joan Miró (arriba), para preservar los espacios donde había trabajado. Abajo, un bronce del artista.

De grandes proporciones, se sitúa en un emplazamiento excepcional, sobre un pequeño promontorio que domina la ciudad y se abre a la bahía de Palma, sirviendo en nuestros días de bienvenida a los visitantes que llegan por vía marítima. Es, sin duda, la imagen más característica de Palma, señal de identidad reproducida en millones de fotografías y postales.

Está construida en piedra caliza procedente de las canteras de Santanyí. Conquistada Mallorca, el rey ordenó derribar la mezquita de Medina Mayurqa y sobre el mismo solar se iniciaron las

La imponente catedral gótica de Palma conocida como La Seu, comenzó a levantarse durante el reinado de Jaime I. Situada sobre un promontorio, el edificio de tres naves es lo primero que distingue el viajero desde el mar. El interior (arriba) destaca por sus elegantes columnas hexagonales y las bóvedas ojivales.

obras, que se prolongaron durante siglos. Así, en 1587 se acabó de rematar las altísimas bóvedas, pero hasta el siglo XX no se completó del todo el conjunto y la decoración interior. Una de las torres de la fachada principal, por ejemplo, data del siglo XIX. No obstante, el conjunto mantiene una unidad armónica en la que se han ido encajando las distintas reformas y remodelaciones que han seguido, en principio, la idea original.

De estilo gótico, consta de tres naves. La nave central destaca por sus impresionantes dimensiones, que hacen de ella una de las mayores existentes en Europa, con una altura de 44 metros y una anchura de 19 metros. Se sustenta sobre 14 esbeltos pilares de sección prismática. Han sido numerosos los artistas que han contribuido a darle a la catedral el aspecto que hoy presenta, desde Guillem Sagrera, que es también el autor de la Lonja, hasta Miquel Barceló en nuestros días, sin olvidar tampoco al genial arquitecto Gaudí.

Antoni Gaudí y la catedral de Palma

La intervención de Gaudí en la catedral de Palma revistió una importancia fundamental. A comienzos del siglo XX, cuando el arquitecto se hizo cargo de la restauración que se llevó a cabo a partir de 1904, el templo era un recinto sumamente oscuro, debido a que la mayoría de los ventanales habían quedado cegados con el tiempo y a que no contaba con otra iluminación artificial que la procedente de los cirios. Gaudí empezó por colocar artísticos vidrios en el rosetón situado sobre la capilla de la Trinidad, y a continuación, diseñó dos grandes vitrales para la Capilla Real. El arquitecto concibió estos dos vitrales como una ilustración de los cantos de la letanía que llaman a María *Regina confessorum* y *Regina virginum*. Así, el titulado *Regina confessorum* está integrado por las imágenes multicolores de una serie de santos calificados de confesores por la Iglesia: Isidoro de Sevilla, Ramón de Penyafort, Ramón de Fitero, Dámaso, Domingo de Guzmán, Ignacio de Loyola, Vicente Ferrer, Alonso Rodríguez y el rey Fernando VII. Como es natural, en el caso del vitral denominado *Regina virginum*, las imágenes corresponden a santas vírgenes: Tecla, Eulalia, Catalina de Alejandría, Catalina de Siena, Catalina Tomás, Práxedes, Florentina, Rosa de Lima, Teresa de Ávila y María de Cervelló.

Además, Gaudí se encargó de introducir la energía eléctrica en el templo, en un momento en que esa nueva tecnología se utilizaba cada vez más para iluminar las calles, los espacios públicos y también las casas. En sustitución de los cirios de cera y de las lámparas de aceite, Gaudí colocó bombillas eléctricas. Asimismo, forjó artísticas piezas de hierro para que sirvieran de soporte de las bombillas convenientemente distribuidas por el interior de la catedral. En los cuatro ángulos de las gradas del altar, por ejemplo, dispuso cuatro candeleros de hierro sobre columnas, a los que sumó los cinco lampadarios con bombillas multicolores situados en la parte alta y a los lados del ábside mayor.

La empresa de dotar al templo de una brillante iluminación tanto natural como artificial prosiguió incluso después de finalizada la intervención de Gaudí, por cuanto en 1926 el cabildo puso en marcha una campaña para recuperar los ventanales que aún permanecían cegados. El templo cuenta, pues, en la actualidad con un extraordinario conjunto de vitrales, que en el caso de los correspondientes a las naves laterales representan las profecías sobre Jesucristo recogidas en los libros más antiguos de la Biblia. Siguiendo con la intervención de Gaudí, que no se limitó a la iluminación, el genial artista mandó situar sobre el púlpito menor un tornavoz esculpido con efigies de profetas y de apóstoles y rematado por la escena del sacrificio de Isaac.

De todas las actuaciones del arquitecto modernista en la catedral de Palma, la más significativa fue el cambio de emplazamiento del altar mayor y su realce mediante una serie de elementos anejos, que lo enaltecen y dignifican. El altar, anterior a La Seu, se supone que ya hizo las veces de ara a partir de 1230 en la iglesia que sustituyó a la mezquita mayor de la ciudad después de la Reconquista. Presenta ocho columnas románicas y una de estilo bizantino en el centro, sobre las cuales se dispone la gran losa que sirve de mesa. Gaudí trasladó ese altar venerable desde el fondo de la catedral hasta su emplazamiento actual y situó alrededor cuatro columnas con candeleros y cuatro esculturas medievales que representan ángeles músicos. Gaudí dispuso una barandilla de hierro forjado con candeleros circundando el presbiterio, y, para cubrir el altar, colgó sobre él un baldaquín bordado.

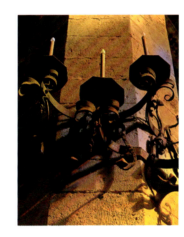

El arquitecto Antonio Gaudí intervino en la restauración de la catedral de Palma. A él se debe la introducción de elementos ornamentales de aire modernista como los magníficos candelabros de hierro forjado de las columnas.

Audacia y monumentalidad caracterizan el imponente exterior de la catedral de Palma, obra maestra del gótico, en el que se engarzan contrafuertes, arbotantes, pináculos y gárgolas formando una estructura sobrecogedora.

El interior de la catedral de Palma está dominado por la austeridad decorativa, la armonía de las proporciones y una impresión de espaciosidad de las naves que refuerzan los esbeltos pilares y las altas bóvedas de ojiva, embellecidas con hermosas vidrieras.

Unos años después, el propio arquitecto diseñó un baldaquín más pretencioso, consistente en una corona heptagonal con espigas y racimos de uvas, de la que cuelgan 35 lámparas. Un calvario, con Jesús crucificado entre la Virgen y san Juan, remata la corona.

Un sinfín de tesoros

Además de las ya mencionadas, en el interior del templo pueden contemplarse numerosas obras de arte, como es el retablo de santa Eulalia, del siglo XIV, realizado por el maestro de los Privilegios, los sepulcros de los obispos Torrella y Galiana, y el de Gil Sancho Muñoz, también del siglo XIV, y los dos púlpitos situados a ambos lados del coro. A la derecha está la cátedra episcopal, del año 1269, construida en mármol de Carrara, con la silla empotrada dentro de un nicho abovedado de estilo gótico. Sobre el presbiterio de la catedral, llamado Capilla Real por haber sido el lugar de coronación de los reyes de Mallorca (Jaime II y Jaime III), se sitúa la capilla de la Trinidad, que fue en su momento la tribuna desde la que los soberanos seguían las ceremonias litúrgicas y hoy acoge sus restos mortales en hermosos sarcófagos labrados por Frederic Marés a mediados del siglo XX.

El templo posee una magnífica sillería del coro y un órgano construido en 1795, con armazón en estilo neogótico, y que en 1993 restauró Gabriel Blancafort. Hay siete rosetones, pero entre ellos sobresale el del altar mayor, con un diámetro algo superior a los 12 metros. Se construyó en el año 1370, aunque las vidrieras datan del siglo XVI. En febrero de 2007 se inauguró, en el marco gótico de la catedral de Palma, una obra artística que aporta una nota contemporánea a este templo venerable, construido en lo esencial entre los

En la capilla de la Trinidad se encuentran los sepulcros de Jaime II y Jaime III, realizadas por Frederic Marés a mediados del siglo XX.

> Entre diversos muros de la catedral y por las salas del Museo Catedralicio se distribuye una interesante colección de tapices flamencos confeccionados a finales del siglo XVI. Se inspiran en los libros bíblicos del Génesis, de Tobías y del profeta Daniel, y reproducen pasajes tan conocidos como la bendición de Isaac, el encuentro de Jacob con Raquel o el viaje de Tobías acompañado por el arcángel Rafael en busca de un remedio para la ceguera de su padre. Resultan particularmente interesantes los tapices dedicados a Nabucodonosor, el rey de Babilonia del que se habla en el libro de Daniel. Se muestra a ese gran soberano ordenando a sus súbditos adorar una estatua de oro, así como la desobediencia de algunos de ellos y su condena a la hoguera, de cuyas llamas Dios los preserva. También se recrea la interpretación que hace Daniel de la visión de un árbol grandioso.

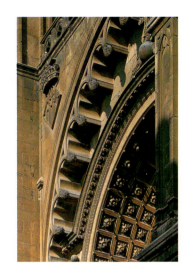

Auténtica maravilla arquitectónica, la catedral de Palma exhibe una artística fábrica exterior en la que el rítmico juego de elementos estructurales y decorativos resalta el aspecto ornamental y afiligranado del templo.

siglos XIII y XVI. En la capilla del Santísimo, Miquel Barceló dispuso un inmenso mural de cerámica que cubre las paredes del recinto y recrea la parábola evangélica de la multiplicación de los panes y los peces. El artista mallorquín tardó más de dos años en realizar este gran panel de arcilla y vidrio que cubre una superficie de unos 300 m² mediante 2.000 fragmentos modelados por el pintor y ensamblados para formar un gran conjunto. La efectista decoración de la capilla se completa con cinco vitrales de 12 metros de altura que hacen reverberar los distintos estadios luminosos del día a través de sus vidrios multicolores.

La remodelación de la capilla fue el resultado de un acuerdo alcanzado en 2002 entre Miquel Barceló y el obispo Teodoro Úbeda, ya fallecido, que solicitó además recibir sepultura en este recinto. La intervención de Barceló se extendió también al diseño del mobiliario de la capilla: el altar, el sagrario, el ambón, los bancos y los candelabros. En el exterior del templo destacan el portal del Mirador o puerta sur, con una excelente decoración de motivos geométricos y vegetales, y el portal Mayor, apoyado sobre cuatro majestuosas columnas. La torre del campanario se construyó en el año 1389 y cuenta con un total de nueve campanas, una de las cuales es la conocida como N'Eloi, que tiene un diámetro de 2 metros y alcanza un peso de 4.517 kilogramos.

El Museo Catedralicio ocupa la antigua sala capitular y expone una valiosa colección de pintura medieval, así como numerosas piezas de orfebrería. Una de las obras más interesantes es un relicario de la Vera Cruz, con incrustaciones de metales preciosos y joyas, que data del siglo XV. Como dato curioso, cabe señalar que el museo conserva los dos *rimmonim* más antiguos del mundo, datados en el siglo XIV. Procedentes de la sinagoga de Cammarata, y comprada a unos mer-

Miquel Barceló se encargó de la ornamentación de la capilla del Santísimo de la catedral de Palma con la creación del mobiliario litúrgico y de un gran mural cerámico inspirado en las Bodas de Caná y en la Cena Pascual.

La catedral de Palma se abre en tres portadas: el portal del Mirador, el portal de la Almoina y el portal Mayor, presidido por la imagen de la Inmaculada Concepción. El tímpano es una obra plateresca del siglo XVI ornamentada con una importante simbología relacionada con la letanía mariana.

caderes por el Capítulo en Sicilia, estos dos adornos destinados a servir de punto para la lectura de la Torá son de plata cincelada en forma de torre y llevan inscripciones.

El retablo de san Sebastián

Más allá de su valor artístico, el retablo de san Sebastián, ubicado en la capilla de la Purísima, presenta un interés particular porque constituye una especie de tributo a los santos mallorquines o unidos por diversos vínculos con la isla. Como es lógico, el retablo está presidido por san Sebastián, el patrón de Mallorca. La devoción a este santo en Mallorca comenzó inmediatamente después de la Reconquista, pues fueron las huestes de Jaime I las que la difundieron en las tierras conquistadas. Ya en esa época el mártir que fuera capitán de la milicia romana tenía fama de proteger de las epidemias, y al considerarse Mallorca particularmente amenazada por los males procedentes del Mediterráneo oriental y del norte de África, la devoción a san Sebastián se difundió con rapidez.

En 1451, las autoridades le rogaron al cabildo que se celebrara con particular solemnidad la festividad del santo, y en 1518, los propios jurados del Reino solicitaron que se le dedicara una capilla en el recinto de la catedral, como así se hizo. No mucho después, entre los años 1522 y 1523, asoló la isla una epidemia de peste que llevaba camino de despoblar el territorio, hasta que cesó repentinamente en agosto de ese último año. Considerado milagroso, este súbito aca-

La catedral de Palma presenta una planta de tres naves, la mayor mucho más alta que las otras, con los arcos contrarrestados por un doble orden de arbotantes y las capillas laterales establecidas entre los contrafuertes.

bamiento de la enfermedad contagiosa se atribuyó a la llegada a Mallorca de una reliquia de san Sebastián. La portaba consigo Manuel Suriavisqui, el arcediano de la iglesia de San Juan de Colachi, en Rodas. Este cúmulo de circunstancias no tardó en verse envuelto en la leyenda, y así, una tradición palmesana cuenta que, cada vez que el arcediano y los caballeros que lo acompañaban trataban de embarcarse para continuar su viaje, una terrible tormenta les impedía zarpar del puerto de Palma. Sólo cuando decidieron dejar la reliquia en la isla, pudieron partir por fin con la mar en calma.

Acompañan a san Sebastián en su retablo dos santos oriundos de Mallorca: el beato Ramón Llull y santa Catalina Tomás. Ramón Llull, que en realidad no pasó de la beatificación, nació en 1232 en Palma, y después de un período de vida mundana en la corte real de Mallorca, lo dejó todo para entregarse a la predicación del Evangelio. Ahora se le conoce sobre todo por las numerosas obras que escribió, en las que dio forma al catalán literario. Filósofo, poeta, místico y teólogo, la catedral le honra también con una escultura de Guillem Galmés adosada a una de las torres de la fachada principal. El mismo escultor talló la estatua de santa Catalina Tomás situada junto a la de Ramón Llull, con el que también comparte protagonismo en el retablo de san Sebastián. A diferencia del erudito Llull, santa Catalina Tomás fue una santa popular, muy valorada entre las gentes sencillas por su don de consejo. Nacida en Valldemossa, falleció el 5 de abril de 1574, día en que se celebra su fiesta.

Otros santos venerados en el retablo de san Sebastián son san Pedro Nolasco, de quien se cree que viajó a Mallorca antes de la Reconquista para rescatar a cautivos cristianos; san Nicolás de Tolentino, san Andrés Avelino, a quien se invoca contra la muerte súbita, y san Francisco de Borja, que intervino en la fundación del convento de los jesuitas en Monti-Sion. En distintos lugares del templo la catedral honra a diversos santos relacionados con Mallorca, como san Vicente Ferrer, fallecido en 1419, a quien se recuerda en el Museo Capitular mediante un cuadro que representa su predicación en la Seo palmesana.

En el siglo XVIII, la catedral le dedicó también una capilla y un retablo a san Antonio de Padua, un santo muy venerado en Mallorca desde antiguo al que se considera intercesor en asuntos de amores. En el retablo se le representa como predicador y taumaturgo. San Francisco de Asís cuenta asimismo con un retablo donde se recrean varias escenas de su vida, expuesto en el Museo Capitular.

El uso de elementos arquitectónicos como los arbotantes o los contrafuertes para poder elevar la altura del edificio y sustentar la carga de la fábrica da lugar en la catedral de Palma a un exterior de una exuberancia singular.

Siete son los espléndidos rosetones que embellecen la catedral, siendo el más grande el situado bajo el arco triunfal del ábside.

Los patios de Palma

La ciudad es famosa por la gran belleza de los patios interiores de sus casas señoriales. Aparecen por toda la ciudad vieja, pero al ser de propiedad privada, en muchos casos no están al acceso del público. No obstante, el visitante que recorre el casco viejo puede vislumbrar su esplendor a través de los portalones que en ocasiones permanecen abiertos a los ojos de los curiosos.

Situada en el centro de la ciudad, la plaza Mayor de Palma presenta una planta rectangular, con el perímetro porticado y elegantes edificios de estética renacentista.

Merece la pena, por ejemplo, si es posible, echar una ojeada al patio del palacio Vivot, en la calle Zavella, uno de los más hermosos de la ciudad. Reformado a finales del siglo XVII y comienzos del XVIII en estilo barroco, el recinto central del edificio luce un magnífico y sorprendente conjunto de escaleras, balaustradas de hierro, arquerías y columnas de mármol rojo. La casa debe su aspecto actual al valenciano Jaime de Espinosa, a quien Joan Sureda Villalonga, el primer marqués de Vivot, encargó la ampliación y remodelación de un edificio heredado de los Villalonga, familia que residía en el inmueble desde el siglo XVI. Una vez que la casa estuvo de nuevo en condiciones de que se pudiera vivir en ella, Joan Sureda albergó entre sus muros una conspiración contra la causa borbónica que fue descubierta por los leales al pretendiente austriacista, mayoritarios por entonces en Mallorca, y ello le costó a Sureda ser detenido, trasladado a Barcelona y condenado a muerte. Se salvó en última instancia debido a los avatares de la guerra de Sucesión y volvió a Mallorca, donde Felipe V, coronado ya rey de España, premió sus servicios con el marquesado de Vivot, que le concedió en 1717.

Un patio que sí puede visitarse es el de Can Marqués, en la calle Zanglada, a poca distancia de la catedral. Data del siglo XIV y es también una de las mansiones de este tipo mejor conservadas de la ciudad. Unos paneles informativos explican el uso que se ha venido dando a lo largo del tiempo a estos espacios, que son un excelente exponente del modo de vida de la alta burguesía mallorquina. El recinto se utiliza asimismo para organizar exposiciones de arte moderno, presentaciones, conferencias y otros actos culturales.

Abajo, patio del palacio Vivot, otro magnífico exponente del gran desarrollo económico, en particular mercantil, que disfrutó Palma de Mallorca durante la Edad Media y los comienzos de la Edad Moderna. A la derecha, una vista del patio de Can Oleza, que presenta los elementos más característicos de los patios de Palma.

Los patios interiores de Palma, construidos en estilos distintos desde el siglo XIII hasta el XVIII, exhiben imponentes escalinatas, espléndidas rejas, pozos y decorativos macetones.

También se puede admirar, siempre teniendo en cuenta su condición de instituciones privadas, los patios de Cal Marqués de la Torre, que aloja las instalaciones del Colegio de Arquitectos, y Cal Marqués del Reguer, donde residió el músico Josep Balaguer y ahora tiene su sede la Fundación Barceló. La familia impulsora de esta institución sin ánimo de lucro adquirió en 1985 el edificio que mandó construir Francisco Amar de Montaner, a quien Felipe V concedió el título de marqués del Reguer en 1739. El inmueble, restaurado bajo la dirección del arquitecto Jaime

Particularmente hermosa es Can Llorenç Villalonga, la mansión del siglo XVIII que fue la residencia del escritor Llorenç Villalonga, autor de *Bearn* o *La casa de las muñecas*, seguramente la novela que mejor describe la sociedad mallorquina de finales del siglo XIX, a través de la decadencia de una familia aristocrática de la isla. Teresa Gelabert, la esposa del escritor, heredó el edificio en 1942, y en él residieron ambos hasta su muerte. Otro escritor, Baltasar Porcel, describió así el inmueble: «*La casa es grande, de varios pisos y diversos salones. Estamos en una sala con chimenea, espejos, malas reproducciones de Tiziano, una mesa con brasero con butacas alrededor y un sofá donde el escritor y su mujer se sientan; ella haciendo calceta, él leyendo. Hacia la calle, algunos salones, uno todo azul, donde se combinan cuadros de incierta representación y pintura reseca con muebles tapizados, encojinados, elegantes, de un rococó versallesco. Son salones que se abren poco: el día del Corpus, al paso de la procesión, cuando han de recibir a un general o un aristócrata tronado. En el desván, Llorenç Villalonga ha instalado un pequeño gimnasio... En otro, hay un pequeño estudio: mesa, sofá, unos cuantos libros, y una terraza que domina los tejados, las torres catedralicias y, más allá, el mar*».

Al lado, uno de los refinados ventanales renacentistas de la casa Oleza, con los escudos de la familia Descós. A la derecha, una de las enigmáticas esfinges, obra del escultor Jacint Mateu, colocadas en el paseo del Born durante la reforma de 1833.

El corazón del casco antiguo de Palma, con su trazado medieval de calles empedradas y estrechas perfectamente conservado, nos transporta mágicamente a otras épocas históricas.

Torrens y con la colaboración del decorador Joan Quetglas, conserva en perfecto estado los espacios más significativos del conjunto, en particular el zaguán que comunica el portal de entrada con el patio central, cubierto con un valioso artesonado neomudéjar, y el propio patio, adornado con multitud de detalles ornamentales labrados en piedra. En el zaguán, donde pueden contemplarse unos capiteles muy trabajados, se abre la puerta que conducía a las antiguas caballerizas, convertidas en sala de exposiciones. Can Berga, que perteneció a la familia Berga desde 1677 y que desde 1942 es propiedad del Ministerio de Justicia, tiene un patio de estilo barroco al que se accede por un portal blasonado, y en Can Ferrandell, llamada también Can Maroto, se halla el hotel Born. Su enorme vestíbulo, fechado en el año 1723, presenta columnas de mármol rojizo y está cubierto con bóveda de arista. La escalera ostenta un escudo con la herradura de los Ferrandell y una de las salas está decorada con pinturas murales del ilustre artista mallorquín Guillem Mesquida.

Otros patios destacables son el de Cal Comte d'Espanya, que sobresale por su armonía, o el de Can Amorós, único vestigio de ese antiguo edificio, constituido por arcos, columnas y pilastras. En el patio de Can Belloto llaman la atención una careta con la lengua sacada y unas máscaras terroríficas de las que proviene el nombre popular del edificio y de toda la calle, les Carasses. En Can Ferragut se puede admirar, al fondo del claustro, un mural cerámico firmado por el artista Castaldo, y Can Magraner cuenta con plafones calados en la baranda de piedra de la escalera, de estilo neogótico.

En la calle Morey, otra de las arterias palmenses en las que proliferan las mansiones señoriales, se puede admirar la casa Oleza, cuyo patio de finales del siglo XVII combina todos los elementos que se consideran más característicos de los patios de Palma: la señorial escalera, arcos extraordinariamente rebajados para aligerar la estructura y sustentados por columnas jónicas de pronunciado éntasis, barandilla de hierro forjado y galería de comunicación entre la parte noble de la casa y la zona de servicios y de residencia de la familia.

Las fiestas y el ocio

Son numerosas las fiestas que se celebran en toda la isla, pero si nos ceñimos a su capital, Palma, el calendario podría resumirse en las siguientes fechas. El 17 de enero se celebra la cabalgata de Beneides de Sant Antoni, en la que participan numerosos animales que sus dueños llevan a bendecir en honor del santo. Dos días después, el 19 de enero, tiene lugar la Revetlla de sant Sebastià, que es el patrón de la ciudad, en la que se organizan bailes y degustaciones de los productos típicos de la isla. En la Semana Santa de Palma participan numerosas cofradías con sus distintas procesiones, pero cabe resaltar la del Crist de la Sang, que tiene lugar el día de Jueves Santo. El 23 de junio es una de las noches más celebradas en toda la región mediterránea, con la verbena de sant Joan, donde no faltan las hogueras que resplandecen en la oscuridad y el ruido infernal de los petardos que acompañan a las fiestas populares. Por último, el 31 de diciembre se celebra la Festa de l'Estendard, en la que se conmemora la llegada de Jaime I a Mallorca y la expulsión de los musulmanes.

A lo largo de 12 kilómetros de costa se suceden magníficas playas y locales que adquieren particular animación durante la noche: restaurantes, bares y chiringuitos, en los que se despliega la excelente cocina isleña, y animadas discotecas.

El velódromo Palma Arena, obra del arquitecto holandés Sander Douma, fue inaugurado en 2007 para la celebración del Mundial de Ciclismo en Pista. Esta moderna construcción tiene una capacidad para 4.500 espectadores.

La ciudad también ofrece un extenso surtido de actividades de ocio. En el año 2007 una nueva instalación vino a sumarse a las ya existentes para albergar competiciones deportivas, conciertos y otros espectáculos.

El velódromo Palma Arena, ubicado en San Fernando, a las afueras de la ciudad, se estrenó con las pruebas del Campeonato del Mundo de Ciclismo en pista, y desde entonces, ha brindado su recinto de 90.000 m² para numerosas actividades. El original edificio es obra del holandés Sander Douma, que había construido con anterioridad el velódromo de Sydney, inaugurado para los Juegos Olímpicos del año 2000. A modo de evocación de su finalidad más inmediata, presenta una cubierta en forma de cúpula aplanada que simula los radios de una bicicleta. La pista, de 60.000 m², está cubierta con una madera especial importada de Ucrania.

Los deportes relacionados con el mar desempeñan un papel preponderante. Regatas de distintas categorías, desde las de ámbito local a las de renombre internacional, atraen a multitud de visitantes, y el puerto deportivo, lleno de embarcaciones de los más diversos tipos y nacionalidades, es una buena prueba de la tradición marinera de la isla.

Dentro del entorno urbano, a lo largo de la costa, se extienden varias playas, que totalizan unos 12 kilómetros de longitud, a las que acuden durante muchos meses del año turistas procedentes de la Península y de otros países, principalmente europeos. Locales de ocio, desde restaurantes,

Gracias a la excelente climatología y a unas condiciones idóneas para la práctica de la navegación a vela, la bahía de Palma ha sido el escenario de la Copa del Rey de Vela durante más de 20 años.

Vista del puerto deportivo de Palma desde el palacio de la Almudaina. Las regatas y otras competiciones náuticas no sólo reflejan la tradición marinera de la ciudad, sino que también son una atracción para los turistas.

Al este de Palma se extienden las largas playas de Can Pastilla y del Arenal. La cercanía con la ciudad y los numerosos servicios de que disponen las han convertido en las más concurridas de la isla de Mallorca.

chiringuitos y bares a discotecas, así como infinidad de pequeños comercios, jalonan toda esta franja costera, ofreciendo al visitante múltiples oportunidades de entretenimiento.

Entre las principales playas de la ciudad pueden citarse las de Can Pere Antoni, playa de Palma, Can Pastilla y Cala Estancia, en la zona de levante, y Cala Major y Sant Agustí en la zona de poniente, de aguas cristalinas e importantes equipamientos.

Pensado para el ocio y la vida al aire libre, el parque del Mar se extiende frente a la bahía de Palma, muy cerca del palacio de la Almudaina y de la catedral. Dispone de un lago y de una amplia zona ajardinada diseñada por el arquitecto Pere Nicolau, y está adornado con esculturas de Joan Miró, Josep Guinovart, Andreu Alfaro y otros artistas contemporáneos.

Los placeres de la mesa

La gastronomía de Palma puede considerarse un compendio de toda la isla y del archipiélago en general. Los pescados, las carnes, en particular de cerdo, y las verduras desempeñan un papel predominante, combinados de mil formas y con una añeja tradición del uso de las especias que se remonta a épocas muy remotas y a la influencia de los diversos pueblos que han pasado por la ciudad y han modelado su personalidad.

A la izquierda, berenjenas rellenas, un plato tradicional de la cocina de Palma, que destaca por las combinaciones con frutos del mar, carne y verduras, productos a los que con sabiduría milenaria se les aplican diferentes especias. Abajo, una ensaimada, considerada la reina indiscutible de la repostería de Palma.

Las sopas son un elemento importante en la cocina de Palma, desde las de caldo más o menos líquidas, hasta las sopas secas características de Mallorca, con pan, verduras, tomate, ajo y especias. A esto hay que añadir las distintas variedades de «tombet», con patatas, berenjenas, tomates y pimientos, y las berenjenas rellenas de pescado o carne, o bien simplemente asadas.

Son también muy características las empanadas, de rellenos muy diversos, que constituyen un elemento característico de la cocina mallorquina.

Mención especial debe hacerse a los embutidos, como el «camaiot» y los «botifarrons», pero sin lugar a dudas la sobrasada, de consistencia blanda e intenso color rojizo por el pimentón, es famosa por su excelente calidad.

No faltan los postres, pero por encima de todo, la repostería tiene a la ensaimada como reina indiscutible. Rellena o no, se presenta en numerosas variedades y es casi un acompañante imprescindible de los viajeros que dejan la ciudad, como muy bien puede observarse en las llegadas de los vuelos procedentes de Palma. Además de las excelentes ensaimadas, las pastelerías palmesanas tradicionales elaboran una especialidad deliciosa, el «gató», una tarta de almendras que suele tomarse acompañado de helado de almendras.

Menorca
portuaria y señorial

La más septentrional y oriental de las islas del archipiélago balear, declarada Reserva de la Biosfera por la Unesco en 1993 para preservar su rica variedad de recursos naturales, se divide en dos regiones bastante diferenciadas desde el punto de vista paisajístico. El norte, la zona más agreste, presenta enclaves de belleza cautivadora muy bien conservados. El sur, de relieve mucho más suave, exhibe una encantadora costa acantilada con barrancos tapizados de pinos y calas de arena dorada que gozan de una reputación extraordinaria. Si bien el terreno es bastante accidentado, no presenta grandes elevaciones, pues su punto culminante se sitúa a 357 metros de altitud, en la cumbre del monte Toro, que ocupa una posición más o menos central.

Con poco más de 50 kilómetros de longitud y unos 13 de anchura, Menorca es una isla que se puede recorrer en un espacio de tiempo breve. Ahora bien, su exigua superficie no debe llamar a engaño, ya que dentro de esos límites relativamente reducidos la variedad de ambientes, paisajes, poblaciones y explotaciones agrarias es considerable.

Dos ciudades se destacan por su población y por su historia: Mahón y Ciudadela. La capital de la isla se apiña alrededor del puerto de Mahón, una excelente bahía natural de unos 6 kilómetros en cuyas verdes riberas se asientan casitas y villas que componen bonitas estampas. El puerto de Mahón tiene mucho que ofrecer a los visitantes, desde paseos en barca hasta animación nocturna y terrazas en las que sentarse a matar el tiempo. Después, se impone subir al casco an-

En la doble página anterior, la Cala Galdana, al sudoeste de Menorca. La increíble variedad del litoral de la isla ofrece paisajes distintos, desde calas vírgenes de agreste belleza a largas playas.

En la página izquierda, la iglesia parroquial de Sant Antoni Abad en Fornells (1798), cuya austera fachada de blanco encalado es uno de los signos de identidad de esta tranquila población menorquina.

tiguo por alguna de las calles en pendiente, y desde allí el visitante puede gozar de magníficas y fotogénicas vistas del litoral. En el otro extremo de la isla, Ciudadela ofrece un aspecto muy distinto. Junto al puerto, se extiende un entramado de calles estrechas y retorcidas en las que se alinean los palacios señoriales y las casonas del pueblo llano, edificios todos ellos que dan cuenta de la rica historia de esta ciudad, capital de Menorca durante largos siglos. Y no sólo de arquitectura y paisaje vive el hombre. La comida en esta isla es un festín. No hay que ser un gourmet o un gastrónomo para haber oído hablar de la caldereta o el queso de Mahón, dos productos que entre muchos otros tientan a los amantes de la buena mesa e incluso a los que no lo son tanto.

Mahón

Verdadero fruto de la naturaleza desarrollado al abrigo que ofrece su ensenada, Mahón, la capital de Menorca, también ha sido un sitio estratégico en el Mediterráneo. Hoy, además de puerto pesquero, es un hermoso, pequeño y acogedor centro turístico.

La tranquila y hospitalaria ciudad de Mahón (Maó), con cerca de 30.000 habitantes, es conocida por su puerto natural, pero igualmente por su casco antiguo. Está situado en el extremo oriental de la isla, no lejos de algunos de los interesantes restos arqueológicos que se distribuyen por gran parte de Menorca y que son testigo de la presencia muy antigua del hombre por estas tierras.

El emplazamiento de Mahón, al fondo de una ensenada que penetra profundamente tierra adentro, favoreció la presencia humana en épocas prehistóricas. El pueblo talayótico pobló toda la isla

Vista parcial y nocturna de Mahón, en la que se advierte la ensenada sobre la que se levanta y que hace de la capital de Menorca el mejor y más protegido puerto natural de las islas Baleares.

Vista del puerto de Mahón. Según la leyenda, la ciudad fue fundada por el general cartaginés Magón (de ahí su nombre), hermano de Aníbal, en el año 205 a.C. Bajo el poder romano se llamó Portus Magonis, y se convirtió en un activo centro comercial.

y ha dejado numerosos monumentos, los conocidos talayotes, las navetas y las taulas, enigmáticas construcciones de piedra destinadas probablemente a servir de lugares de reunión, mausoleo y culto, según el tipo, y cuya construcción se extendió aproximadamente entre los años 2000 y 1000 a.C. Entre los restos más importantes de este tipo que podemos visitar en las cercanías de Mahón cabe citar Talatí de Dalt, un poblado situado al oeste, y Trepucó al sur, donde se encuentra la taula mejor conservada de toda la isla. También se custodian restos de interés en las necrópolis de Biniparratx y des Caparrot, así como en la Torreta de Tramuntana, situada al norte de la ciudad.

A sólo 4 kilómetros de Mahón se encuentra el poblado talayótico de Talatí de Dalt. Creado por una comunidad de pastores y agricultores a finales del II milenio a.C., se mantuvo como núcleo de población hasta la conquista romana de Menorca (siglo II a.C.). Dentro de este prolongado período, los siglos de mayor dinamismo coincidieron con la presencia en las Baleares de los comerciantes púnicos, que abastecían de todo tipo de productos a los pobladores de Talatí de Dalt. De esa época datan los espectaculares monumentos que han llegado hasta nuestros días. En el punto más elevado del asentamiento se eleva el talayote central, que seguramente desempeñó funciones de vigilancia y control del territorio, al igual que los otros dos talayotes situados en el perímetro del poblado. También se conserva la zona sagrada, donde se emplaza una taula imponente, así como una parte del muro que rodeaba el recinto y dos cuevas naturales que se supone servían de necrópolis. Más cerca aún de Mahón, a unos 2 kilómetros, se halla el yacimiento de Trepucó, excavado en 1931 por la arqueóloga inglesa Margaret Murray. Además de un inmenso talayote central y otro de menores dimensiones adosado a la muralla, conserva vestigios de varias casas y una taula enorme que se reforzó en la década de 1970.

En las inmediaciones de Mahón está el importante conjunto prehistórico de Trepucó, en el que se alza un enorme talayote, el centro de culto presidido por una «taula», y numerosos vestigios de otras construcciones milenarias.

La importancia estratégica y comercial del privilegiado puerto natural de Mahón le valió a la ciudad la capitalidad de la isla a partir del siglo XVIII.

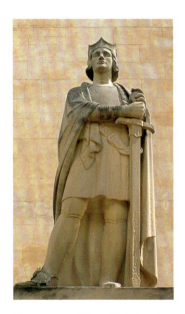

Monumento a Alfonso III el Liberal, quien en 1285 tomó Mahón, en poder de los musulmanes, aunque éstos ya prestaban vasallaje a la Corona de Aragón desde 1228.

Según la tradición, fueron al parecer los cartagineses los que fundaron, en el año 205 a.C., la ciudad de Mahón. Su enfrentamiento con Roma condujo a que finalmente cayera en manos de los latinos, que le dieron el nombre de Portus Magonis e hicieron de ella un puerto de intensa actividad comercial. Más tarde, durante el período comprendido entre los años 427 y 537, quedó bajo el dominio del reino de los vándalos, asentado en el norte de África. A éstos les sucedieron los bizantinos, que se mantuvieron en la plaza hasta la invasión musulmana. Los vestigios mejor preservados de este período los proporcionó la comunidad cristiana, que debió de ser numerosa y próspera a juzgar por la categoría de los restos encontrados, en particular los mosaicos paleocristianos de la Illa del Rei y de Torelló.

La presencia musulmana duró desde el año 903 hasta finales del siglo XIII. Pese a su dilatación en el tiempo, la estancia de los árabes en la isla pasó sin pena ni gloria. Mahón perdió importancia con respecto a épocas anteriores y quedó reducida a un pequeño castillo sobre el puerto con un puñado de viviendas a su alrededor. La conquista cristiana tuvo lugar en 1285, cuando la ciudad fue tomada por Alfonso el Liberal, si bien ya desde 1228 la isla estaba bajo vasallaje de los reinos cristianos tras su conquista por parte de Jaime I. Desde entonces y hasta 1343 dependió del reino de Mallorca, para pasar después a formar parte del reino de Aragón.

Muerte y esclavitud

La ciudad sufrió en el curso de los años numerosos ataques por parte de los piratas berberiscos, pero ninguno tan dramático como el que perpetró en 1535 el temido Barbarroja. Pasha Jeireddin Hizir, como se llamaba en realidad, fue el corsario más famoso y temible del siglo XVI. Mantuvo una base estable en el norte de África, y desde allí campó por el Mediterráneo poniendo en jaque a las ciudades costeras de los reinos cristianos, en particular a las españolas, pues Carlos V era por entonces el gran rival del sultán otomano Solimán y el soberano del único imperio capaz de frenar las insaciables ansias expansionistas del dirigente turco. Como es sabido, Solimán marchó sobre Viena en 1532, y, aprovechando la concentración de las fuerzas del sultán en Austria, el navegante Andrea Doria, al servicio del emperador Carlos V, tomó Coron, Patras y Lepanto en las costas del Peloponeso griego. A raíz de estos acontecimientos, Solimán llamó a Barbarroja y, cuando el pirata llegó a Estambul después de haber sembrado la desolación en el Mediterráneo, lo recibió en su palacio imperial de Topkapi, donde le otorgó los cargos de almirante de la flota y de la armada otomana, además de nombrarlo gobernador del norte de África y de algunas provincias del mar Egeo.

El corsario partió entonces con 80 galeras a la conquista de las tres ciudades tomadas por Andrea Doria. En el curso de esta campaña, cuyos diversos episodios bélicos se prolongaron durante los años 1534 y 1535, Barbarroja se presentó en el puerto de Mahón. Era el 1 de septiembre de 1535, y tras un primer momento en que la guarnición tomó a sus buques por la armada imperial de Carlos V, debido a que las embarcaciones enarbolaban el águila bicéfala, la ciudad se preparó para el combate. Unos 2.500 soldados turcos amenazaban una villa que contaba a la sazón con unas 300 familias, es decir, alrededor de 1.500 habitantes, de los que sólo 350 eran ap-

En la plaza de la Constitución se alza la iglesia de Santa María, una construcción de inspiración neoclásica construida en 1748 sobre una iglesia gótica del siglo XIII. Su silueta imponente y el campanario definen el perfil de Mahón.

tos para tomar las armas. Así las cosas, se envió de inmediato un mensaje de auxilio al gobernador de Menorca, que por entonces residía en Ciudadela. Las tropas de refuerzo procedentes de la capital llegaron a Mahón el 3 de septiembre, y ese mismo día plantaron batalla a las huestes turcas, muy superiores en número, que aniquilaron sin dificultades al contingente menorquín.

En semejante trance, los dirigentes de Mahón no vieron otro camino que la rendición y decidieron entregar la ciudad con la única salvedad de que se respetaran sus vidas y sus propiedades. Sin otra limitación, Barbarroja y sus hombres entraron en Mahón a sangre y fuego: pasaron a cuchillo a la mayor parte de la población, violaron a las mujeres, martirizaron a los sacerdotes y religiosos y retuvieron como esclavas a unas 600 personas. El único consuelo que les quedó a los escasos supervivientes fue la posibilidad de castigar como era debido a quienes habían traicionado a la ciudad. Por orden del virrey de Mallorca, el día 8 de septiembre comenzó el proceso judicial que los declaró culpables de deslealtad y los condenó a muerte. Las penas capitales se ejecutaron el 24 de octubre de 1536 en la plaza del Born de Ciudadela. Se cree que aquel fatídico 4 de septiembre de 1535 las huestes de Barbarroja entraron en Mahón por el llamado Pont de Sant Roc, que a renglón seguido tuvo que ser reconstruido.

La dominación extranjera

A Mahón le costó recuperarse de los destrozos causados por el ataque corsario. Uno de los factores que más contribuyeron a que la ciudad volviera a alzar el vuelo fue la construcción del cas-

Desde la plaza del Príncipe de Mahón, donde se ubican numerosos edificios ochocentistas como la casa Soler o la casa Martorell, se obtiene una magnífica perspectiva de la antigua iglesia carmelita del Carmen, erigida en 1808.

El convento de Sant Francesc de Mahón alberga un magnífico claustro de planta cuadrada en el que reina el aljibe de piedra rematado en forja. Las estancias que rodean el claustro acogen en la actualidad las salas de exposiciones del Museo de Menorca.

tillo de San Felipe en la boca del puerto. Otro cambio importante, que repercutió de modo favorable en la reactivación de su actividad comercial, fue la llegada de una escuadra británica en 1708 y la posterior cesión de la isla a Gran Bretaña, en 1713, por parte de Felipe V en virtud del Tratado de Utrecht. Durante este período Mahón se convirtió en la capital de Menorca. Por este y otros motivos el período de la ocupación extranjera resultó muy próspero para la ciudad. Los ingleses reforzaron el castillo de San Felipe, y la presencia en la ciudad de las tropas británicas dinamizó la economía y la abrió a nuevos mercados. Se avivaron las relaciones con Europa, de donde llegaron novedosas influencias culturales y artísticas, y surgió una burguesía que en lo sucesivo iba a animar la vida cultural de la ciudad a través de prestigiosas instituciones y de la construcción de un teatro de estilo italiano. Si bien las crónicas de la época hablan de penurias y dificultades, el hecho de que la mayoría de los monumentos de la urbe daten de ese período (se levantaron o se reconstruyeron por entonces) demuestra que fue una etapa en la que se dispuso de financiación suficiente para impulsar empresas de envergadura. Además de los edificios erigidos en Mahón, se ajardinó el puerto y se trazó una nueva carretera para unir los dos extremos de la isla.

La soberanía británica sufrió una breve interrupción, entre los años 1756 y 1763, en que Mahón permaneció bajo dominio francés. En 1802, por la Paz de Amiens, volvió a formar parte de España. A mediados del siglo XIX, la industrialización de la zona del puerto propició un nuevo pe-

El portal de Sant Roc, con dos torres defensivas, es del siglo XIV y constituye el último vestigio de las antiguas murallas, víctimas de una urbanización poco cuidadosa del patrimonio histórico.

ríodo de prosperidad para la ciudad, interrumpido a raíz de los diversos conflictos bélicos que sacudieron la primera mitad del siglo XX. A continuación, la afluencia de turismo propició un crecimiento urbano sostenido que, sin embargo, ha sabido preservar los principales valores de la isla de Menorca: su carácter eminentemente rural y su litoral privilegiado.

Un paseo por el casco antiguo

En el otoño de 1799, el almirante inglés Horatio Nelson se alojó en una mansión llamada entonces Golden Farm y que hoy se conoce como Sant Antoni, levantada en la zona septentrional del puerto. Se trata de un edificio de estilo menorquín, con una arquería de color rojo y arcos blancos en la fachada. Hay aquí una interesante colección de muebles, una biblioteca y diversos objetos que pertenecieron al almirante. No lejos de Mahón, en Villa Carlos, pueden contemplarse todavía varios edificios de estilo británico.

En la orilla sur del puerto se encuentran los restos del castillo de San Felipe, cuya construcción se inició en el año 1554 y que desempeñó un papel muy importante en la defensa de la ciudad durante los siglos posteriores. Anteriores a él son las dos torres defensivas de principios del siglo XIV, que configuran el popular Pont de Sant Roc, una de las entradas medievales al casco urbano. Es el único resto superviviente de las murallas que ciñeron en otra época toda la ciudad y debe su nombre a la presencia de una imagen del santo titular con su perro. Sin embargo, su arquitectura, de inconfundible aspecto medieval, data de 1535, pues la puerta se reconstruyó después del ataque de Barbarroja a Mahón en ese mismo año. De aquí partía antiguamente el camino viejo de Alaior. Por encima del puerto, subiendo una cuesta, se llega a la iglesia del Carmen, la más grande de la isla, en cuyo claustro se celebra en la actualidad un mercado. Fue antiguamente un convento carmelita, construido en el siglo XVIII.

La iglesia del Carmen, que perteneció a un convento carmelita del siglo XVIII, es el templo más grande de la isla, aunque no el más antiguo. En su gran claustro tiene su sede un mercado de abastos.

Cerca de allí está la iglesia de Santa María, del siglo XIII. Reconstruida en 1772, alberga un órgano del año 1806 muy bien conservado. Junto a ella encontramos el Ayuntamiento, levantado en el siglo XVII pero reformado en el XVIII, de fachada neoclásica y en cuya torreta está el reloj que regaló a la ciudad el primer gobernador británico de la isla, a comienzos del siglo XVIII.

Otra iglesia digna de visitar es la de San Francisco, con una fachada de estilo barroco y la portada románica, que hoy es la sede del Museo de Menorca, donde se exponen piezas de todas las

La iglesia de Santa María, del siglo XIII, alberga uno de los mejores órganos de Europa. Según la leyenda, iba hacia otra ciudad en un barco que se refugió en Mahón durante una tormenta.

culturas que han estado presentes en la isla, desde los talayotes prehistóricos hasta materiales pertenecientes a las épocas romana, árabe y medieval. Alberga también pinturas de los siglos XVIII y XIX, así como una sala dedicada a la historia contemporánea.

En la calle de Cifuentes se localiza el Ateneo Científico, Literario y Artístico, una sociedad cultural con biblioteca y un pequeño museo en el que pueden contemplarse fósiles, mapas y acuarelas que nos muestran la Menorca del siglo XVIII. Es notable también su colección de cerámicas de los siglos XVI-XVII.

El casco urbano de Mahón alberga asimismo bellas casas señoriales, algunas de ellas con elementos arquitectónicos de influencia inglesa. Un ejemplo es la galería cubierta con cristales compartimentados, a la que los menorquines llaman «boinder», que deriva de la expresión inglesa *bow window*. Así Can Oliver, una mansión señorial de finales del siglo XVIII que destaca por la impresionante fachada, o Can Soler, un edificio característico de principios del siglo XIX, donde tiene hoy su sede el Casino. Por último, el visitante que recorre la ciudad no puede pasar por alto la fachada modernista de la casa del Pueblo, fechada en el año 1913.

El Museo Hernández Sanz-Hernández Mora, en la plaza Miranda, presenta la recreación de una típica casa menorquina de los tres últimos siglos, con muebles, mapas y pinturas de diversos autores. La colección debe su existencia a los dos personajes que le dan nombre, padre e hijo, importantes intelectuales muy arraigados en su ciudad natal.

Amanecer en Mahón. Las condiciones naturales de Menorca favorecieron la presencia humana desde el período prehistórico, como lo demuestran los notables monumentos dejados por el pueblo talayótico.

Can Mir, orientada hacia el puerto, es, con su fachada ondulada y vitrales de colores, uno de los pocos edificios modernistas de Mahón. Data de 1928 y se atribuye el proyecto al artista local Francesc Femenies.

En el muelle de Ponent del puerto de Mahón se encuentran las bodegas Xoriguer, fundadas a comienzos del siglo XVIII, coincidiendo con la ocupación de Menorca por los ingleses. A ellos se debe la introducción en la isla de la que ha llegado a ser su bebida más típica, una ginebra que corre a raudales durante las fiestas populares, elaborada con alcohol fino y bayas de ginebra. En los propios muelles se puede tomar la golondrina que conduce hasta la isla del Llatzaret, situada en la bocana del puerto de Mahón. Llamada así por el lazareto donde se recluyó a los afectados por las epidemias de peste de 1821 y 1870, la isla conserva todavía el antiguo hospital de apestados que más tarde albergó un museo de medicina donde se exhiben curiosos aparatos, como uno de los primeros cardiógrafos que se conocen, y otras piezas interesantes que nada tienen que ver con las artes curativas, como el navío en que viajó a Menorca la reina Isabel II.

Parques y monumentos

El parque por excelencia de Mahón es S'Esplanada, la antigua plaza de armas de los bastiones construidos por los ingleses transformada en zona verde adornada con numerosas esculturas. Aquí se celebra, una vez a la semana, un mercado popular. El otro gran espacio verde, de creación posterior, se encuentra algo alejado del centro. Se trata del parque Rubió i Tudurí, consagrado a la memoria del arquitecto y paisajista menorquín creador del jardín mediterráneo. También en homenaje a un menorquín ilustre, Mateu Orfila, se erigió el monumento situado en la calle de ses Moreres, delante de su casa natal. Es obra de Frederic Marés, creada en 1953 en recuerdo de este ilustre médico y químico.

La plaza de España, casi una prolongación de la del Carmen, fue rediseñada en la década de 1920. Desde ella se tiene una magnífica vista del puerto.

El teatro Principal de Mahón es una magnífica muestra de arquitectura civil de principios del siglo XIX. Diseñado por el ingeniero Giovanni Palagi, exhibe la estructura clásica del teatro italiano en forma de herradura para una mejor acústica.

En septiembre se celebran en Mahón las fiestas patronales en honor de Nuestra Señora de Gracia. Para la ocasión se engalanan las calles y se celebran verbenas, bailes, espectáculos pirotécnicos y muestras del folclore menorquino como los tradicionales «jaleos».

El teatro Principal, levantado en 1829 por el arquitecto Giovanni Palagi siguiendo las trazas propias de los teatros italianos del siglo XVIII puede considerarse también un monumento, si se quiere, en este caso dedicado a la ópera. Profundamente reformado a comienzos del siglo XXI, ofrece todos los años una temporada intensa y variada.

Una ciudad revitalizada

La llegada del turismo ha impulsado de nuevo la actividad de Mahón, ciudad que acoge a numerosos visitantes, atraídos en igual medida por la belleza paisajística, por los valores naturales de sus alrededores y por los numerosos testimonios de su historia.

Junto a esos innegables atractivos no debe olvidarse la buena cocina, que podemos degustar en restaurantes y bares. Los pescados desempeñan un papel importante en la gastronomía isleña en sus diversas formas de preparación, destacando las calderetas. Pero no se limita ahí la carta, que se completa con carnes y numerosas recetas en las que las hortalizas resultan un elemento imprescindible, como es el caso del delicioso «tumbet», presente en todas las cocinas del archipiélago. Se prepara en una cacerola con patatas, pimientos y tomates, que pueden ir o no acompañados de carne o pescado. Otro producto típico es el cremoso queso de Maó, que por su exquisitez y calidad ha traspasado las fronteras de la isla. Se trata de un queso elaborado con leche de vaca, que en ciertas ocasiones se mezcla con reducidas cantidades de leche de oveja. Debido a su éxito comercial, en la actualidad se elabora en industrias especializadas, pero también quedan pequeños obradores artesanales, que ofrecen piezas de gran valor gastronómico.

Pero es una salsa que lleva el nombre de la ciudad y que aquí tuvo su origen, la que en su día conquistó los fogones de todo el mundo y es hoy una de las clásicas a nivel internacional. Se trata de la mayonesa, que algún cocinero desarrolló en Mahón durante la breve época de dominio francés, tomando como base el alioli local.

De todos estos tesoros de la gastronomía balear podemos disfrutar siempre, pero especialmente durante las fiestas de Gracia, el 7, 8 y 9 de septiembre. Entre los momentos culminantes está el Jaleo, una exhibición de juegos ecuestres que se remonta a la Edad Media y que pone de manifiesto la importancia del caballo en la cultura popular de la isla. El Jaleo es también protagonista de las fiestas de San Juan, el 23 y 24 de junio, durante las cuales tiene lugar una romería hasta la ermita del santo. Pocos días después, el 29, la ciudad entra otra vez en festejos, en esta ocasión con motivo de la verbena de San Pedro.

Para finalizar cabría mencionar que el calendario de festividades se completa, entre otras, con la fiesta de San Martín, que se celebra el tercer domingo de julio en Es Mercadal, a 21 kilómetros de Mahón, y el Carnaval, que tiene lugar en el mes de febrero y cuenta con una tradición de varios siglos.

A la izquierda, los «bojots», muñecos realizados por artistas locales que se queman en San Juan. Como en casi todo el Mediterráneo, el fuego cumple un importante papel en las fiestas populares de Mahón. Arriba, el Jaleo, una exhibición de juegos ecuestres, que figura entre las principales atracciones de las fiestas de Gracia, los días 7, 8 y 9 de septiembre, y de las de San Juan y San Pedro, en junio.

El Parque Natural de S'Albufera d'es Grau

Este parque natural situado en la costa norte de Menorca, dentro del término municipal de Mahón, abarca 1.947 hectáreas ocupadas por una albufera de 72 hectáreas y una zona cubierta de maquia menorquina, pinares de pino carrasco, encinares y bosquetes de tamarindos con una gran variedad de biotopos de elevado valor biológico. La zona protegida incluye además el área del cabo Favàritx y la isla de En Colom, con una extensión de 60 hectáreas. Las especies vegetales y animales más interesantes se concentran en las áreas más próximas al litoral y a la laguna. Cerca de la costa viven el falso aladierno y el azafrán; en los torrentes que desaguan a la laguna prosperan eneas y olmos; en la albufera abundan los carrizos y los juncos, y en las playas y dunas crecen el barrón, el narciso de mar y la ruda canina. Entre los animales proliferan en particular los anfibios, los peces de agua dulce y, sobre todo, las aves, muchas de las cuales pasan el invierno en este paraje y emigran en verano a lugares menos cálidos. Otras especies permanecen en el parque durante todo el año.

Es el caso del ánade real, la focha, el zampullín chico, el roquero solitario, la paloma bravía y el halcón peregrino. El parque tiene interés, además, por la presencia en la zona protegida de vestigios de la cultura talayótica, así como por el Camí de Cavalls, la antigua ruta que rodea toda la isla de Menorca y que puede aprovecharse para recorrer algunos de los lugares más hermosos de este litoral tan bien preservado.

Ciudadela, la capital histórica

Alfonso II eligió Ciudadela (Ciutadella), en el oeste de Menorca, como capital de la isla. Pero la capitalidad pasó a Mahón en 1722, con lo que se creó una gran rivalidad entre ambas ciudades. Hoy, sin embargo, las dos compiten en bellezas naturales y en la hospitalidad brindada al visitante. La ciudad está situada en la costa noroccidental de Menorca, casi en el punto opuesto a la otra urbe, Mahón, con la que comparte buena parte de su historia. Restos de los primeros pobladores de la zona, el pueblo talayótico, los encontramos en varios monumentos megalíticos, entre ellos la naveta des Tudons, con su característica forma de barca invertida y que probablemente servía al mismo tiempo de vivienda y de mausoleo, así como los poblados de Torre Llafuda y Son Carlà.

La naveta des Tudons

Enclavada a pocos kilómetros de Ciudadela en dirección a Mahón, la naveta des Tudons es un monumento de unos 3.000 años de antigüedad que se cuenta entre los más emblemáticos de la cultura talayótica. Se trata de una construcción realizada con piedras encajadas sin mortero, y debe el nombre de naveta al hecho de sugerir por su forma una nave invertida. Orientada al este, mide 13,6 metros de longitud por 6,40 de anchura y presenta una fachada lisa con una pequeña abertura que da acceso al interior, dividido en dos niveles mediante losas horizontales. Aquí se encontraron restos de cuerpos humanos acompañados de joyas y ornamentos de bronce, así como armas y recipientes de cerámica.

En 1865 el antiguo alcázar y posteriormente palacio del gobernador inglés, ubicado en la céntrica plaza del Born, fue cedido al Ayuntamiento de Ciudadela para convertirlo en palacio consistorial. Sobresale la majestuosa fachada de principios del siglo xx.

En la plaza del Born se erigió en 1857 «Sa Piràmide», un obelisco de más de 20 metros de altura que honra la resistencia de la ciudad ante los ataques turcos de 1558, que saquearon e incendiaron Ciudadela.

El pequeño y pintoresco puerto de Ciudadela posee unas dimensiones reducidas, aunque ello no disminuye su encanto y su belleza. Cada verano atrae a numerosas embarcaciones de recreo y yates de lujo.

El puerto de Ciudadela, en un pequeño espacio, contiene terminales comercial, pesquera, deportiva y de pasajeros. Desde el mar ofrece, además, una hermosa vista de la urbe.

El hecho de que falte una piedra en la parte superior de la naveta se ha querido explicar mediante la leyenda de dos gigantes que se apostaron el amor de una joven acordando que lo ganaría quien acabara antes de construir una naveta y un pozo, respectivamente. Al terminar primero el gigante que excavaba el pozo, el que hacía la naveta, presa de celos, le lanzó la única piedra que le faltaba por colocar en el monumento, la que todavía se echa en falta.

Una sucesión de invasiones

Desde los pobladores talayóticos de la Edad del Bronce que dejaron numerosos monumentos por toda la isla hasta el siglo XIII pasaron por aquí los fenicios, que la llamaron Jamma (o poniente), los cartagineses, los romanos, los vándalos y los árabes, que la conocían como Medina Minurka. Es el monarca Jaime I el Conquistador quien en su *Llibre dels Feyts* cita por primera vez el nombre de Ciutadella (Ciudadela).

En el año 1287 Ciudadela se convierte en capital de Menorca, titularidad que mantendrá por espacio de casi cinco siglos, hasta 1722, en que pasa a Mahón. En aquel lejano año, las tropas de Alfonso II de Aragón expulsaron a los musulmanes del territorio menorquín y el monarca eligió esta ciudad como sede desde donde gobernar la isla.

Durante ese largo período se sucedieron numerosos eventos, pero quizás uno de los que causaron mayor impacto fue el saqueo y destrucción de Ciudadela por una tropa turca capitaneada por Piali Bajá. En el marco de la guerra total que se libró en el Mediterráneo durante el verano de 1558, a comienzos de julio de ese año una flota turca integrada por 140 barcos y 15.000 hombres se dirigió contra la capital de la isla de Menorca. La guarnición apostada en la ciudad libró, con la ayuda de la población civil, una batalla heroica para defenderse de los temidos turcos, pero las murallas medievales no soportaron el embate de la artillería enemiga, y al final los corsarios tomaron Ciudadela al asalto. Los turcos se adentraron en la ciudad el 9 de julio por una brecha abierta en las murallas junto a la plaza del Born. Los tres días siguientes, de saqueo ininterrumpido, se saldaron con la destrucción total de la ciudad y el cautiverio de unas 4.000 personas, que se supone fueron vendidas como esclavas. El número de muertos, sin duda muy elevado, no se ha podido contabilizar.

Todavía hoy Ciudadela conmemora este episodio con diversos actos, que incluyen la lectura pública de la llamada «Acta de Constantinopla», un documento redactado por el notario menorquín Pedro Quintana el 7 de octubre de ese mismo año de 1558, que se hace eco de la trágica y gloriosa «desgracia de Ciudadela», expresión con la que el acontecimiento ha pasado a la historia.

Una ciudad abierta al Mediterráneo

La ciudad, que cuenta con unos 30.000 habitantes censados, conserva todavía su estructura medieval, a pesar de las devastaciones, aportando de este modo un valioso elemento histórico-cul-

La calle Ses Voltes, estrecha y enmarcada por edificios porticados con arcos encalados, recuerda los tiempos medievales. Lo mismo sucede con otras vías del casco antiguo, que son como un camino hacia el pasado.

tural que fue decisivo para la designación de toda la isla como Reserva de la Biosfera. En sus estrechas calles se levanta una multitud de edificios notables haciendo del casco antiguo un encantador lugar por donde pasean propios y extraños.

Entre los numerosos edificios de interés destaca la catedral fundada en honor de Santa María por Alfonso II el Liberal. Fue construida en estilo gótico entre los siglos XIII y XIV y que logró superar con pocos daños las incursiones de piratas y el asalto de los turcos. Se levanta a poca distancia del puerto, desde el que puede contemplarse perfectamente su silueta.

El centro neurálgico de la ciudad es la popular plaza del Born, de estilo renacentista, comenzada a construir después de la negra fecha de 1558, que se conmemora con un obelisco en su centro. Se erigió sobre una anterior plaza de armas, que servía como escenario de desfiles y actos similares. Se llega hasta aquí fácilmente desde la cercana catedral.

En esta plaza se encuentran numerosos edificios públicos, como el Ayuntamiento, que se levanta sobre el antiguo alcázar árabe, pero cuya estructura actual se remonta en gran parte al siglo XIX, y el Teatro Municipal, además de diversas mansiones de los siglos XVIII y XIX, que junto a otras edificaciones de este mismo tipo configuran un interesante legado de la arquitectura civil menorquina y

El edificio actual del Ayuntamiento se construyó en el siglo XIX sobre el antiguo alcázar árabe levantado junto al puerto de Ciudadela.

Patio del palacio Episcopal, cuyos planos fueron realizados en Madrid en el siglo XVIII. Se trata de una construcción en estilo neoclásico levantada, precisamente, en la calle del Obispo.

La catedral gótica de Ciudadela fue erigida en el emplazamiento de la antigua mezquita mayor de la musulmana Medina Menurka. La austera fachada neoclásica fue levantada en el siglo XIX.

constituyen una excelente muestra de la vida de la burguesía de la ciudad en los dos últimos siglos. Entre ellas destacan el Palau de Torre Saura, que data de comienzos del XIX, el Palau Vivó, con una vistosa fachada roja, ornamentada con motivos tradicionales menorquines, la casa d'es Duc y el Palau Salort, construido a comienzos del siglo XIX y que está abierto a los visitantes.

A poca distancia de esta plaza, pasada la catedral, está la calle Ses Voltes, llamativa por sus arcos encalados que se levantan a ambos lados. Desde aquí se llega a la iglesia del Socors, de estilo barroco. Otras iglesias que bien merecen una visita son el convento de San Francisco, de los siglos XIII a XIV y restaurado en el siglo XVIII, y la iglesia de los Agustinos, del siglo XVI.

A un kilómetro de Ciudadela se encuentra la Pedrera de s'Hostal, recinto de canteras de piedra de marés de las que durante siglos se extrajo la materia prima necesaria para la construcción de los edificios monumentales y de algunas casas de Menorca. Este enclave, que impresiona por su majestuosidad, ha sido recuperado por una asociación sin ánimo de lucro, Lithica, con el fin de convertirlo en escenario de conciertos y visitas culturales, así como en centro de actividades culturales. Desde noviembre de 1994, Lithica ha acondicionado este espacio de inmensa belleza paisajística como un lugar donde se puede rememorar la dura actividad llevada a cabo por los canteros a lo largo de los siglos. Laberinto de piedra y vegetación con una gran variedad de formas y espacios, la Pedrera de s'Hostal da testimonio de todas las épocas y técnicas de extracción de piedra, y su evolución de los procedimientos manuales a la mecanización progresiva.

En la plaza de Sa Font se puede visitar el Museo Municipal de Ciudadela, instalado en el bastión de Sa Font, uno de los elementos integrantes de las murallas construidas en el siglo XIV. Fue derribado a raíz de la invasión turca y se reconstruyó en el siglo XVIII. Depositario del material arqueológico procedente de las excavaciones realizadas en el término municipal, sus salas muestran las diversas etapas y facetas de la historia de Menorca.

Otro edificio histórico construido entre los siglos XVII y XVIII, el Seminario, alberga el Museo Diocesano, que dedica una de sus salas a la arqueología, otra al arte religioso y una tercera a la exhibición de maquetas y de fotografías antiguas.

Suculentas exquisiteces

Fruto de la presencia británica durante casi un siglo es una bebida típica de la isla, la ginebra, que se diferencia de la destilada en el Reino Unido por su intenso aroma. La botella que la contiene es también muy característica, de color marrón o verde y con una pequeña asa en la parte superior.

Las acogedoras calles del casco viejo de la ciudad ofrecen numerosos establecimientos hosteleros de muy diversos tipos donde se pueden degustar todos los platos típicos de la cocina menorquina, con el protagonismo especial de los pescados y las hortalizas. De postre, la repostería dulce: «crespells», «carquinyolis» y «pastissets».

El molí des Comte, levantado en 1778 y en actividad hasta 1905, es uno de los pocos molinos harineros que quedan en Menorca. Su blanca y cilíndrica estampa está íntimamente ligada a la historia de Ciudadela.

A las afueras de Ciudadela se encuentra la ermita de Sant Joan de Missa, una pequeña iglesia rural del siglo XIV con una singular fachada triangular con espadaña central y un pórtico de tres arcos.

Vista parcial de Ciudadela desde el bastión o portal de Sa Font, una monumental construcción del siglo XVII que constituye el último testimonio de la muralla que rodeaba la ciudad.

En Ciudadela, al igual que en Mahón, la fiesta de San Juan no sería completa sin la tradicional exhibición ecuestre.

Y para un tentempié, nada más complaciente que saborear las llamadas «formatjades», unas empanadas típicamente menorquinas hechas con una pasta rellena de pequeños trozos de carne de cordero, sobrasada, queso, verduras e incluso pescado.

Fiestas y conmemoraciones

Como en otras muchas ciudades mediterráneas, el 24 de junio es una de las principales festividades de Ciudadela, San Juan. Al igual que en muchas localidades menorquinas, también aquí el caballo desempeña un papel preponderante. Se organizan juegos ecuestres, de origen medieval, en plazas y calles de la ciudad, con los jinetes engalanados intentando sacar la máxima efectividad a las habilidades de sus monturas y con un público entusiasmado que se agolpa a su alrededor. Estas fiestas, declaradas de interés nacional, sirven de marco de presentación de los distintos estamentos sociales que hace más de 700 años configuraban el tejido social de la urbe: los nobles, el clero, los artesanos y los campesinos. Todos ellos participan en las vistosas cabalgatas, vestidos con trajes de época, propios de cada uno de los grupos, añadiendo así un vistoso atractivo adicional a la fiesta general de la población.

El 19 de julio es el día de la Conmemoración, en que se rinde homenaje a todos los que murieron en 1558 en la defensa de la ciudad frente al asalto de los turcos, fecha conocida como El año de la desgracia (l'Any de la Desgràcia). También de rememoraciones bélicas es la Fiesta de la Conquista, el 17 de enero, aunque en esta ocasión el motivo es de alegría pues fue cuan-

Los crespells menorquines son unas galletas dulces en forma de flor con un sabroso relleno de mermelada, cabello de ángel o requesón, y espolvoreadas con azúcar.

do, en 1287, el rey Alfonso III de Aragón, según dice la tradición, dio tres golpes en las puertas de la muralla árabe, tras lo cual las tropas musulmanas se rindieron y la ciudad fue reconquistada para los ejércitos cristianos. La fecha se celebra con una procesión que se remonta a unos pocos años posteriores a esos hechos. Por último, como ciudad marinera, también en Ciudadela se celebra la Virgen del Carmen, el 16 de julio, con una procesión de embarcaciones que recorre la bahía y hacen ofrendas florales al mar.

¿Salimos de excursión?

Ciudadela está situada en un entorno tan privilegiado, que a un tiro de piedra de la ciudad se puede disfrutar de calas paradisíacas, sorprendentes yacimientos talayóticos, zonas naturales protegidas y conjuntos de cuevas prehistóricas. A escasa distancia de la urbe se encuentran las famosas calas de Turqueta, Macarella y Macarelleta, esta última reservada a los nudistas. Son tres de las estampas más conocidas de Mallorca, pues a imagen de sus pequeños semicírculos de aguas turquesas enmarcados por agrestes acantilados cubiertos de pinos y sus playas de arenas blanquecinas se han difundido por todo el mundo a través de las tarjetas postales. A la cala de Macarella se accede después de un largo descenso por el camino que salva el desnivel desde la parte superior del acantilado hasta la playa. La de Macarelleta, más pequeña, se halla a apenas diez minutos de distancia a pie. Sin duda merece la pena contemplar la belleza de estas hondonadas que recortan la parte sudoccidental de la costa de Menorca.

La naveta des Tudons, que probablemente cumplía las funciones de vivienda y mausoleo, con su forma de barca invertida, es uno de los monumentos megalíticos dejados por el pueblo talayótico.

Menorca posee paradisíacas calas de aguas turquesas rodeadas de un paisaje espléndido de acantilados y pinares, como la cala Macarella, la Macarelleta o la Turqueta.

A una distancia de 7 kilómetros de Ciudadela, el poblado de Torretrencada alberga una de las taulas más espectaculares de Menorca, con una base de 2,7 metros de altura y un bloque superior de 2,5 metros de longitud. El yacimiento incluye también algunas cuevas artificiales que se emplearon como enterramientos.

El poblado prehistórico de Son Catlar, muy cercano igualmente a Ciudadela, remonta sus orígenes a la Edad del Bronce, y alrededor de los siglos III y II a.C. vivió su época de mayor esplendor. Por entonces se reforzó la muralla de unos 800 metros que rodea el yacimiento, reforzada con una serie de torres rectangulares. En el interior del recinto fortificado se conserva una taula, pero sin duda lo más original de este poblado son sus murallas, que se hallan en bastante buen estado. De hecho, se trata del único poblado de Menorca que conserva íntegramente una muralla ciclópea de este tipo.

La zona conocida como la Vall, en realidad la Vall d'Algaiarens, situada al norte de Ciudadela, constituye un bello paraje natural protegido con una rica vegetación de sabinas, encinas y pinos, y una fauna de singular importancia debido a la presencia de rapaces como el alimoche y el águila calzada. En este amplio valle abierto al mar a través de las calas de Algaiarens y Ses Fontanelles también pueden verse ánades reales, cigüeñas, garzas y grullas entre otras especies de aves.

Las Pitiusas
pequeñas y atrevidas

Ibiza y Formentera poseen una personalidad propia que las diferencia de las dos grandes islas del archipiélago balear, Mallorca y Menorca. Ya en la Antigüedad, los griegos y los romanos las llamaron Pitiusas, tal como lo hace el historiador Plinio el Viejo, en alusión a la abundancia en ambas islas de pinos, *pitys* en griego. Los propios clásicos denominaron a Mallorca y Menorca Gimnesias, de modo que establecieron una clara diferenciación entre estas islas, y las dos mayores que ahora englobamos en un único archipiélago junto con los numerosos islotes que las rodean.

La abundancia de especies y subespecies de flora y fauna autóctona es la menor de las diferencias en unas islas que se han singularizado sobre todo por su peculiar ambiente. Formentera es la tierra del naturismo, de la vida en contacto con la naturaleza en un pequeño enclave bastante preservado todavía de la civilización. Ibiza, en cambio, es el reino de las masas, de las multitudes de turistas que acuden atraídas por la fama de diversión que va unida indisolublemente al nombre de esta isla. Después de que se convirtiera en uno de los centros de atracción del movimiento hippie y de que lanzara una línea propia de moda, Ibiza se ha ido transformando paulatinamente en una meca del ocio, donde las vacaciones consisten en días de sol y playa, y noches de discoteca y bares de copas repletos de gente dispuesta a pasárselo bien. Los comercios proliferan, en la zona portuaria de la capital se suceden los tenderetes callejeros, las terrazas se extienden sin solución de continuidad, y todo ello forma un decorado siempre atestado de paseantes y mirones que parece intrínseco a la idiosincrasia de este lugar, que de otro modo

En la doble página anterior, vista del barrio de Sa Marina y del puerto deportivo Marina de Botafoch de Ibiza, que además de la zona de amarre dispone de una amplia zona de ocio.

En la página izquierda, la Torre des Savinar, también conocida como «Torres des Cap des Jueu», erigida en Ibiza como defensa costera durante el siglo XVIII. Conforma una bella estampa junto con los islotes de Es Vedrà y Es Vedranell.

sería un rincón paradisíaco y perdido del Mediterráneo. No hay que alejarse demasiado para comprender lo que era esta isla antes de que los hippies la lanzaran al estrellato universal, gracias también a la presencia habitual de personajes famosos que contribuyen a mantenerla en la cresta de la ola.

Ibiza

En Ibiza se conjugan incomparables paisajes, una rica vida cultural y óptimas condiciones para un reparador descanso. Razones más que sobradas para que en 1999 la Unesco declarase el casco antiguo de la capital y varias zonas de las inmediaciones Patrimonio de la Humanidad.

Ibiza nos muestra con una sola mirada el paso de la historia en su configuración. Que se sepa, la isla estuvo ya poblada en la Edad de Bronce y diversos pueblos fueron dejando su impronta por toda ella. Tras los primeros pobladores iberos procedentes de la Península, los fenicios y los griegos fundaron varios pequeños establecimientos por distintos puntos del territorio insular que les servían de bases de aprovisionamiento durante sus largos viajes hacia destinos más lejanos.

Sin embargo, el impulso que habría de iniciar la importancia de Ibiza lo dieron en el año 654 a.C. los comerciantes y tropas de Cartago, que encontraron en un pequeño promontorio abierto a una bahía un lugar perfecto para fundar un puerto comercial y dejar un acantonamiento permanente para los soldados que protegían sus naves. El lugar, desde cuyas orillas cargaban las embarcaciones con aceite, conservas de pescado y sal, ha estado habitado desde entonces de manera permanente y habría de convertirse mucho más tarde en la actual capital de la isla, Ibiza (Eivissa).

Como las restantes islas, Ibiza posee unas características diferenciadoras que han hecho de ella uno de los lugares del Mediterráneo más buscados por visitantes y turistas, en particular después de que se convirtiera en uno de los centros de atracción del movimiento hippy.

En esta magnífica panorámica de Ibiza sobresale el barrio de Dalt Vila, delimitado por el trazado de las antiguas murallas y encaramado en la parte más alta de la ciudad, dominando otros barrios como Sa Penya o Sa Marina.

Este nombre procede del que después de los cartagineses los romanos dieron a la ciudad, Ebusus, que ya aparece citada en la crónica de Diodoro Siculo, y que recibió el título de Ciudad Confederada, convirtiéndose en uno de los principales puertos del Mediterráneo occidental.

La caída de Roma permitió que primero los vándalos, durante un breve período, y más tarde los bizantinos ocuparan la ciudad, manteniendo allí su poder hasta el año 711, cuando sus habitantes tuvieron que rendirse a las tropas árabes. Éstos iniciaron una larga permanencia, durante la cual se conoció al conjunto de la isla bajo el nombre de Yebisah. La etapa musulmana, con progresiva pérdida de influencia y de enclaves en el territorio insular, finalizó el día 8 de agosto de 1235, cuando fue reconquistada por los ejércitos cristianos. No obstante, en siglos posteriores, tanto la ciudad como el resto de la isla sufrieron los ataques de los piratas sarracenos, de lo que quedan como testimonio las numerosas torres de vigilancia situadas en la costa y desde las que podía avistarse la llegada del enemigo, con tiempo para buscar refugio y tomar las necesarias medidas defensivas.

Un desarrollo urbano determinado por las necesidades defensivas

Este hecho, la defensa frente a los atacantes, ha determinado la estructura que nos ofrece el casco viejo de la ciudad, conocido en su conjunto como Dalt Vila (o Villa superior), con las fortificaciones y antiguos edificios adaptados a la orografía de la montaña que se abre al mar, y dispuestas más tarde en sus faldas, hasta llegar a la orilla, las construcciones más modernas.

Sala romana del Museo Arqueológico de Dalt Vila, que también exhibe importantes colecciones de arte fenicio y cartaginés.

El castillo de Ibiza en Dalt Vila, una construcción defensiva levantada en el emplazamiento del antiguo alcázar musulmán. De la estructura medieval se conserva la sólida torre del homenaje, que recuerda su origen árabe.

Los restos urbanos más antiguos, los procedentes de los cartagineses, se encuentran dentro de los límites que marca el viejo recinto amurallado de la Edad Media, rodeado a su vez por las murallas del siglo XVI. Los restos de la fortificación medieval están formados por cuatro recintos contiguos que se disponen escalonados. Las murallas renacentistas son obra de los ingenieros militares italianos Juan Baptista Calvi y Jacobo Paleazo. Están constituidas por siete baluartes (Sant Joan, Santa Llúcia, Santa Tecla, Sant Bernat, Sant Jordi y Sant Jaume, orientados hacia el mar, y el del Portal Nou, en el extremo oriental), donde se situaba la artillería, y un revellín, es decir, un elemento de obra exterior que cubre el conjunto. A vista de pájaro adoptan la forma de un heptágono irregular. Todas estas construcciones constituyen, después de las de La Valetta, en Malta, el conjunto amurallado mejor conservado del Mediterráneo.

Para acceder al interior del recinto amurallado hay cuatro entradas en distintos puntos. Destaca la de las Tablas (Portal de les Taules), provista de un puente levadizo y que es el principal acceso al casco viejo a través de las defensas amuralladas. Otra se encuentra en el baluarte del Portal Nou. Para facilitar la entrada de vehículos se ha abierto también un paso, llamado Porta del Palomar, en el baluarte Sant Joan.

Delimita la ciudadela de Dalt Vila el trazado de la antigua muralla, en la que se abren tres accesos principales: la puerta del Soto Fosc, el Portal Nou y la entrada principal, el portal de Ses Taules, un puente levadizo cuya entrada está flanqueada por dos estatuas romanas.

El patrimonio artístico de Dalt Vila

El recinto urbano de Dalt Vila es uno de los conjuntos monumentales más importantes del Mediterráneo, declarado por la Unesco en 1999 Patrimonio de la Humanidad, junto con la necrópolis fenicia y los yacimientos cercanos. En este barrio, encaramado en la parte más alta de la urbe, destaca la catedral. Ubicada en la plaza del mismo nombre, está dedicada a la Virgen María y su aspecto exterior, sobrio, muestra con claridad el carácter defensivo que tuvo en sus inicios. Comenzó a construirse a mediados del siglo XII, pero quedan pocos restos de esta época. Tan sólo han llegado hasta nuestros días algunas partes del claustro. Las dos fases principales de construcción del templo son una primera, entre los siglos XIV y XVI, en estilo gótico-catalán, durante la cual se levantaron la torre del campanario y las cinco capillas de los ábsides, y una segunda, constituida por una remodelación durante el siglo XVIII en estilo barroco, en la que se amplió la nave central y se añadieron más capillas laterales. En el interior, dentro de un pequeño museo, se conservan pinturas góticas sobre tabla de Valentín Montoliu y del maestro de Inca, de los siglos XIV y XV.

Altar mayor de la catedral de Ibiza con la imagen de Nuestra Señora de las Nieves. El templo fue erigido en honor de esta Virgen, porque era la más cercana en el santoral al día de la conquista de Ibiza por las tropas catalanas, el 8 de agosto de 1235.

Uno de los principales edificios del casco antiguo de Ibiza es la catedral, un templo de estilo gótico catalán de imponente factura. La fachada principal exhibe una portada con arco de medio punto del siglo XVI en cuya hornacina se custodia una imagen de la Virgen.

La moderna y cosmopolita Ibiza ha sabido conservar el pintoresco encanto de sus empinadas callejuelas empedradas, en las que se alternan las casas encaladas típicamente ibicencas, las casonas señoriales y los talleres de artesanía.

Al otro lado de la catedral, el Palacio Episcopal se levanta sobre anteriores construcciones procedentes de la época bizantina primero y árabe más tarde. En la misma plaza, haciendo esquina, se halla el Museo Arqueológico de Dalt Vila, ubicado en el edificio conocido antiguamente como Universidad y que fue sede del gobierno autónomo de la isla entre los siglos XII y XVIII. Las instalaciones del museo ocupan también el cercano baluarte de Santa Tecla.

El interior posee un artesonado mudéjar y distintos elementos góticos, así como restos de la antigua fortificación musulmana. En las salas de este museo se expone una importante colección de arte fenicio y cartaginés, constituido por piezas de terracota, urnas, máscaras, monedas y otros diversos objetos. La mayoría de ellos proceden del yacimiento de Puig des Molins y de la cueva d'es Cuyram.

En esta zona se encuentra la Portella, que es una de las puertas de las murallas árabes que quedan en pie. Muy cerca está la Reial Curia, un interesante edificio con una elegante puerta en estilo gótico, situado junto a la calle Major y donde se alojaban viejas instituciones equivalentes a las notarías y tribunales de nuestros días. Siguiendo esta misma calle, llamada también calle del Bisbe Torres, puede verse gran número de caserones señoriales de los siglos XV a XVII, como por ejemplo Can Gotarredona, del XVI, posteriormente restaurada; la casa Bardaxi, del XV; la antigua administración de la Salinera, de finales del XVIII; Can Comasema, de los siglos XV-XVI, uno de los edificios góticos mejor conservados del casco viejo, y Can Balansat, del XVII.

Llegaremos así a un lugar de gran importancia en la tradición histórica de Ibiza. Es la pequeña capilla de San Ciriaco (Sant Ciriac), que se levanta en el lugar donde se afirma que Jaime I el Conquistador rompió con sus tropas en 1235 la resistencia musulmana y entró en la ciudad. Debajo del santo hay un pequeño arco que conduce al pasadizo que sirvió para ese fin. El 8 de agosto se celebra aquí todos los años este acontecimiento venerando al santo.

Iniciada su edificación en el siglo XIV sobre las ruinas de una antigua mezquita, la catedral de Ibiza ha experimentado diversas reformas y ampliaciones. Del esplendor gótico se conserva la sacristía y el macizo campanario trapezoidal.

En la plaza de España está el Ayuntamiento, que ocupa un antiguo convento de la orden de los Dominicos. Se trata de un edificio que se construyó entre los siglos XVI y XVII, provisto de un claustro interior. En esta plaza existe una balaustrada desde la que se disfruta de unas vistas magníficas, especialmente de la isla de Formentera. Hay también un túnel que lleva hasta un descampado donde, a través de otro túnel, se accede a las cercanías del castillo.

El castillo se encuentra actualmente en fase de restauración, después de que el ejército dejara de utilizarlo en el año 1972. Sus muros y la muralla aparecen agrietados, y sobre ellos se eleva la torre del homenaje, que tiene su origen probablemente en la época musulmana, pues aquí es donde estaba la residencia del gobernador, o almudaina. Una de las piezas de mayor interés es la sala del siglo XVI, cubierta con bóvedas de crucería. El resto de la construcción es del siglo XVIII.

La sede principal del Ayuntamiento de Ibiza ocupa el edificio del antiguo convento de los dominicos, fundado a finales del siglo XVI. Anteriormente fue utilizado como prisión, escuela e incluso como sanatorio.

Dentro de la misma plaza se encuentra una de las muestras de la arquitectura burguesa de la ciudad, la casa Fajarnés Cardona, del año 1905 y levantada en estilo colonial. En las calles próximas están Can Riquer, Sant Domingo, Can Mariano Tur y la casa Vedova.

Esta espectacular vista, promesa de encantos naturales y culturales, se ofrece al viajero que llega a Ibiza por mar en horas de la noche. La ciudad se levanta sobre un promontorio que domina una hermosa bahía.

Una de las rutas por el interior del casco antiguo nos lleva a recorrer un conjunto intrincado de pequeñas callejuelas, que probablemente constituyeron la antigua medina de la ciudad árabe. Cerca de aquí se encuentra el Seminario y no lejos de él la iglesia de Hospitalet, del siglo XV y restaurada en el XVIII. Bajando por unas escalinatas se llega a la plaza del Sol, que da al Portal Nou, donde antaño se situaba el patíbulo. Es otro de los accesos a Dalt Vila.

Otra de las plazas que centran el interés de la urbe es la de Armas. En ella podemos visitar el Museo de Arte Contemporáneo, que muestra una interesante colección de grabados de artistas de todo el mundo. El museo se inauguró en 1971 en un edificio del siglo XVIII situado en el interior del baluarte de Sant Joan. La parte fundamental de sus fondos proviene de las bienales de Ibiza y pertenece a artistas nacidos en la isla o que viven en ella.

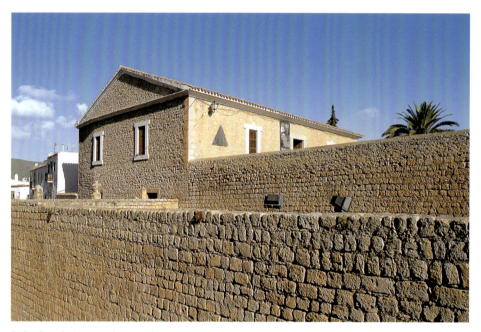

En la plaza de Armas se levanta el Museo de Arte Contemporáneo. Ocupa un emblemático caserón de la muralla, que fue sede de la sala de Armas y de los Almacenes a Prueba.

Esta plaza, que sirvió en otros siglos para realizar desfiles militares, está situada junto al Portal de les Taules, de estilo renacentista y con un enorme escudo de armas de Felipe II. Al lado de esta puerta están los arcos del Cuerpo de Guardia, con un balcón de estilo renacentista, donde se instalaron los mercadillos de los primeros hippies que llegaron a la isla en la década de 1960.

La ciudad extramuros

Saliendo ya del casco antiguo por esta entrada principal nos encontramos con la plaza de la Vila, donde se celebraba el antiguo mercado (Mercat Vell). Tiene planta rectangular y está provista de columnas dóricas.

Hoy existen bares y restaurantes, con terrazas, así como establecimientos comerciales donde se venden muy diversos géneros producidos en Ibiza, desde ropa a joyería. Cerca se encuentra la Peixatería, edificio de planta octogonal construido en 1875.

Por aquí se extiende una amplia maraña de pequeñas callejuelas, de casas bajas y cercanas entre sí, formando el barrio de Sa Penya, uno de los más característicos de la ciudad. Pueden admirarse varias edificaciones de especial interés, entre ellas Sa Carrossa. Siguiéndola, se llega hasta Santo Domingo. El templo se construyó entre los siglos XVI y XVIII, con cúpulas de tejas en estilo levantino. En el interior está la imagen del Cristo del Cementerio, que goza de gran popularidad en la ciudad.

El recinto urbano de Dalt Vila es uno de los conjuntos amurallados mejor conservados del área mediterránea, y fue declarado por la Unesco Patrimonio de la Humanidad en 1999 por su importante valor histórico y cultural.

 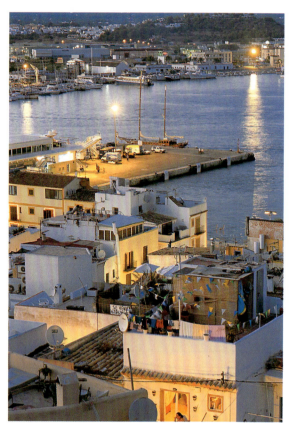

Arriba, monumento al general Vara del Rey en el paseo del mismo nombre de Ibiza, inaugurado en 1902 por el rey Alfonso XIII. A la derecha, vista del barrio de la Marina, que discurre entre el puerto y las murallas. Es una zona típica de talleres de artesanos, casas de pescadores, pequeños comercios y tabernas dignas de ser visitadas.

La ciudad moderna ocupa el antiguo arrabal de la Marina, extendido entre las murallas y el puerto, donde abundaban las tabernas, los pequeños comercios, los talleres de los artesanos y las casas de los pescadores. Esta zona discurre paralela al puerto y a partir de ella se encuentra el Eixample, donde se levantan los edificios modernos.

A lo largo del puerto discurre un paseo marítimo que finaliza en el islote Botafoc. Hay varias secciones, una de ellas es el embarcadero de las pequeñas naves, las «golondrinas», que permiten visitar las áreas cercanas. Cerca está la estación marítima, desde donde parten los ferries que comunican Ibiza con Formentera. Algo más lejos está el puerto deportivo, al que acuden yates y embarcaciones de todo tipo con banderas de los más diversos colores.

La zona del Eixample, se vertebra alrededor del paseo Vara del Rey, con edificios de principios del siglo XX, entre ellos el Gran Hotel. Construido en 1933, fue el primer establecimiento de este tipo que se levantó en Ibiza, y su terraza sigue siendo un concurrido punto de encuentro.

En estos barrios, en una pequeña elevación con olivos al pie de la muralla, se encuentran los restos de una antigua necrópolis fenicia que han sobrevivido a las obras de urbanización de sus alrededores. En ella se han encontrado algo más de 4.000 tumbas. El recinto arqueológico, que abarca una superficie de más de 50.000 m², contiene tumbas de muy diversa índole. Las más sencillas son simples orificios en la roca, fosas o ánforas, y las más elaboradas presentan la forma de hipogeos rectangulares excavados que acogían en su interior de uno a tres sarcófagos. Los enterramientos se dilataron durante un largo período que va de la época fenicia a la romana, y durante todo ese tiempo se advierte un cambio en los rituales, que de la incineración pasan a la inhumación. En este último caso, los restos de los difuntos se acompañan de todo tipo de enseres personales, religiosos o de uso cotidiano.

La gran riqueza arqueológica de los museos de Ibiza proviene en buena medida de los objetos encontrados en esta necrópolis, que incluyen vasijas, navajas de afeitar, joyas, espejos, amuletos, etcétera. Algunas de las piezas, debidamente contextualizados y clasificados por épocas y culturas, se exponen en el Museo Arqueológico del Puig des Molins, situado al pie de la necrópolis, en la llamada Vía Romana. Este museo es una parada obligatoria para todo aquel interesado en la historia de Ibiza, y la visita incluye el recorrido por la zona del yacimiento abierta al público.

De las antiguas tradiciones al moderno encanto

Uno de los locales con mayor tradición en la moderna Ibiza es El Corsario, situado en la calle Santa María, que discurre en empinada cuesta por debajo de la muralla. Se cuenta entre los primeros lugares donde comenzaron a reunirse los artistas, tanto locales como los procedentes de todo el mundo, en particular los del llamado Grupo 59, que fueron creando de este modo el ambiente y la fama de la que goza la isla en nuestros días. En la zona de la Marina están emplazadas muchas de las famosas terrazas, a las que acuden quienes desean ver la curiosa mezcolanza de músicos callejeros, vendedores y curiosos.

El Museo Monográfico Puig des Molins exhibe una importante colección fenicio-púnica compuesta por cerámicas, figurillas de terracota y objetos de adorno personal procedentes de los ajuares funerarios de esta importante necrópolis ibicenca.

El edificio del Casino que, con las discotecas y bares que permanecen abiertos hasta altas horas, colma las expectativas lúdicas y de diversión de los turistas.

Es uno de los puntos de encuentro de la ciudad. Aquí está, entre otros, el bar La Estrella, donde Albert Camus solía sentarse a contemplar el atardecer. Por este lugar discurre también la «ruta del puerto», que conduce a los locales de diversión y discotecas.

En la plaza de Antonio Riquera está el bar Zoo, otro de los mitos del lugar, de cuando comenzó el boom turístico de la isla. Por aquí se inicia la calle Barcelona, repleta de paseantes, pequeñas mesas donde se leen las cartas del tarot y puestos callejeros en los que se ofrecen los más diversos artículos.

La noche es la hora en que toda la zona, especialmente la calle Emili Pou hasta llegar a la de Mare de Déu, muestra su máximo esplendor, cuando los restaurantes se llenan y las joyerías y las tiendas de moda «adlib», permanecen abiertas hasta horas no habituales en otros lugares. Pero volviendo a la zona del puerto, en la parte del Eixample está uno de los locales míticos de la isla, el Pachá, junto al Casino de Ibiza, que actúan como centros de ocio y concentran buena parte de la vida nocturna.

Una de las grandes atracciones de la isla pitiusa son sus discotecas. Templos de la diversión como Pachá, Privilege, Space o Amnesia atraen con sus fiestas a turistas de todo el mundo en busca de buena música y de libertad.

La cocina ibicenca

De día o de noche, los fogones de los numerosos bares y restaurantes de la ciudad ofrecen una gran variedad de platos autóctonos, junto con las recetas más exóticas traídas de todo el mundo. La cocina ibicenca presenta las características generales de todas las islas del archipiélago, donde el pescado y las hortalizas desempeñan un papel de gran relevancia.

Platos como el tombet, el bullit, la frità de polp y el arròs sec son norma para cualquiera que quiera disfrutar de sabores mediterráneos. O la coca de trampó, una especie de pizza cubierta con distintos tipos de hortalizas. Igualmente sabrosas son las berenjenas rellenas de distintos componentes, guisos en los que las hierbas aromáticas del campo ibicenco proporcionan un sabor particular a la cebolla, el tomate y la carne. Y un elemento que no suele faltar en los finales de comidas y cenas es la frigola, un licor de tomillo y otras hierbas silvestres y aromáticas.

Las fiestas tradicionales

Ibiza es hoy conocida en todo el mundo por sus discotecas y centros de ocio, pero junto a estos elementos más modernos, cuenta también con fiestas tradicionales que continúan vivas en la ciudad. Así, el Carnaval sigue animando los concursos de comparsas y de disfraces, y los habitantes de la urbe adoptan los aspectos más diversos para pasearse por sus calles durante estos días. Es una fiesta no reservada en exclusiva para los adultos, sino en la que los niños encuentran también espectáculos destinados a ellos, teatros de títeres y concursos.

El final del Carnaval, como en otros muchos lugares, lo marca el Entierro de la Sardina, que sirve de pretexto para consumir este pescado regándolo con un buen vino de la tierra. Durante el segundo fin de semana del mes de mayo, el casco viejo se convierte en cita de los antiguos pobladores de la Edad Media.

Una de las deliciosas especialidades de la gastronomía balear es la coca de trampó, una sabrosa masa de harina parecida a la pizza recubierta con tomates, pimientos verdes y cebolla troceados.

Hortalizas y verduras componen uno de los platos típicos de la cocina balear: el tombet, un suculento guiso con pimientos, verdes o rojos, berenjenas y tomate sobre un fondo de patata.

El principal atractivo de la localidad de Santa Eulalia es su iglesia de estilo ibicenco, erigida en el llamado Puig de Missa. La iglesia de Sant Domènec, de factura sobria y defensiva, fue edificada en el siglo XVI como lugar de refugio ante las incursiones piratas.

Se recrea el ambiente del viejo mercado medieval, con tenderetes en los que los vendedores, vestidos al estilo de la época, ofrecen los productos que eran habituales en aquellos tiempos, y se adornan calles y edificios con banderas y colgaduras. Numerosos espectáculos, como el tiro con arco, las funciones de teatro o las exhibiciones de cetrería contribuyen a crear una atmósfera irreal. Junto a estos aspectos más lúdicos, se organizan también actos culturales y conciertos en las iglesias.

La noche de San Juan, del 23 al 24 de junio, se celebra en Ibiza con la misma intensidad que en la mayoría de las localidades mediterráneas, destacando los concursos de hogueras. Una peculiaridad gastronómica de esta fiesta son los macarrones de San Joan, que se consumen estos días. El 16 de julio es la fiesta de la Virgen del Carmen. Una procesión de embarcaciones, una de las cuales lleva la imagen de la Virgen, se dirige hacia la salida del puerto y hace allí una ofrenda de una corona de laurel que se lanza al agua. A continuación regresan todos a tierra y se inicia entonces una nueva procesión, esta vez sobre tierra firme, que se dirige hasta la iglesia de Sant Elm. Allí espera la banda municipal a la comitiva, y cuando ésta llega, interpreta una salve marinera tradicional.

Las fiestas patronales de Ibiza se celebran en la primera quincena del mes de agosto. Comienzan el día 5 con el pregón, luego viene la entrega de la medalla de oro de la ciudad, un concierto y, como fin de fiesta, los fuegos artificiales. Al día siguiente se celebra San Salvador y el día 8, San

La capilla erigida en honor de San Ciriaco, patrón de Ibiza, se levanta en Dalt Vila, en el lugar por donde la leyenda afirma que las tropas catalanas entraron en la ciudad y rompieron la resistencia musulmana en 1235.

Ciriaco, tiene lugar la procesión de la que ya hablamos anteriormente. Por la tarde hay una merienda popular y para finalizar un castillo de fuegos artificiales. Todos estos actos aúnan la tradición y la modernidad, pues se completan hoy con conciertos de rock y actividades muy diversas.

Las playas

Además del interés histórico y cultural de la ciudad, por un lado, y de sus atractivos para el ocio diurno o nocturno, por otro, Ibiza ofrece un entorno natural de gran belleza y calas de aguas trasparentes. Existe un cinturón de ronda que brinda una excelente oportunidad de acceder y disfrutar de estos idílicos parajes.

La playa de Talamanca, de unos 900 metros de longitud, es de aguas poco profundas y desde ella se contempla una excelente panorámica del casco antiguo. Existen una línea de autobús desde el centro y una barcaza que hace con regularidad el trayecto desde el puerto. También se puede llegar caminando desde el puerto, en unos 15 minutos a pie.

La larga y poco profunda playa d'en Bossa se encuentra a unos 4 kilómetros del centro y se llega a ella en coche o autobús. Numerosos bares, restaurantes y chiringuitos satisfacen con sus platos y bebidas a los turistas. Aquí se alza la torre de defensa de Ses Rates, y desde la arena se avistan algunas islas cercanas a la costa, como las de Ses Rates y Es Daus, entre otras.

La particular configuración de bahía cerrada, protegida de los vientos, la tranquilidad y la cercanía con el casco antiguo de Ibiza han convertido la playa de Talamanca en uno de los destinos más populares de la isla.

Es Cavallet, a 10 kilómetros del centro, es una playa nudista, separada del interior por una línea de dunas y vegetación. Finaliza en la punta de Ses Portes, donde se levanta una torre vigía del siglo XVIII. Se puede llegar en coche y en autobús desde el centro. También a unos 10 kilómetros del centro está la playa de Las Salinas o Sa Trinxa, rodeada de dunas y de pinos. Salpicada de bares y restaurantes, es lugar de reunión durante el día de muchos de los fieles de la noche ibicenca.

Cerca también del aeropuerto se encuentra una pequeña cala, Sa Caleta, de unos 100 metros de longitud, creada artificialmente hace pocos años al retirar las piedras y rellenar el terreno con arena. En sus proximidades se encuentran unas ruinas fenicias de gran importancia, por ser el primer asentamiento de este pueblo de marineros y comerciantes en la isla. Cala Jondal no está muy lejos del aeropuerto, a unos 8 kilómetros del centro, rodeada de unas elevaciones donde se levantan mansiones de lujo.

Las Salinas

Muchos de los pasajeros que llegan o salen de Ibiza por vía aérea tienen ocasión de ver desde el aire el magnífico espectáculo de las antiguas salinas, hoy espacio natural protegido. Se encuentran situadas en el extremo meridional de la isla, a unos 8 kilómetros del centro de la capital. La actividad humana milenaria ha ido creando una red de canales y estanques que con su lento

Atardecer en las Salinas, a 8 kilómetros del centro de la ciudad. En las inmediaciones de la capital isleña hay verdaderos paraísos naturales que comprenden playas, sierras y humedales.

desarrollo se han adaptado a las condiciones del medio, sin alterarlo, generando de este modo nuevos ecosistemas de gran valor. Como muchos de los cada vez más escasos humedales, éste alberga una gran diversidad de aves, estimada en más de 124 especies, entre las cuales destacan los flamencos, que encuentran en las aguas someras de elevada concentración salina un entorno ideal. Muchas de las aves que aquí pueden observarse han recalado en estos parajes en su viaje anual entre los cuarteles de invierno en África y sus territorios de cría europeos.

Algunos caminos de tierra que discurren entre los distintos estanques que configuran el conjunto, dan acceso a las playas cercanas, como la de Codolar, apenas frecuentada por ser de cantos redondos y no brindar las arenas finas que tanto desea la mayoría de los visitantes atraídos por esas aguas, aunque resulta muy atractiva para los amantes del buceo.

Además de las aves y de algunas otras especies de animales, como la lagartija balear, uno de los principales tesoros naturales de la zona son las extensas praderas submarinas de posidonia oceánica mejor conservadas de todo el Mediterráneo. La posidonia es una planta subacuática que contribuye en no poca medida a la transparencia de las aguas próximas a la costa.

En los fondos marinos de las Pitiusas existe una gran extensión de praderas de posidonia oceánica, endémica de la cuenca mediterránea, que además de mantener el equilibrio del litoral son el hábitat de numerosas especies vegetales y animales.

Formentera

Situada al sur de Ibiza, es la más meridional de las islas Baleares y, aunque cuenta con apenas unos 5.000 habitantes, todos los años acude a ella un gran número de turistas, principalmente durante la época estival, atraídos por las transparentes aguas, el clima benigno y la tranquilidad. La isla cuenta, en efecto, con numerosas playas de gran belleza, de aguas azules y transparentes, y zonas costeras de roca que forman un vivo contraste de colores.

Algunos de los lugares del litoral más recomendables, por citar sólo algunos de ellos, son el Estany des Peix, una bahía casi cerrada, situada a unos 2 kilómetros al norte de San Francisco Javier y próxima a Sa Savina; Es Trucadors, en la costa de poniente del extremo norte; Tramuntana, en la costa de levante cerca de Es Caló de Sant Agustí ses Platgetes, y Cala en Baster, también en la costa oriental a poca distancia de la población de San Ferran de Ses Roques.

En el extremo norte de Formentera está Es Trucadors, una extensa lengua de arena y rocas con paradisíacas calas de aguas cristalinas que termina en la Punta des Trucadors.

Frente a la línea de la costa, como si fuera una barrera para protegerla contra las iras del mar, se extienden las praderas de posidonias, parecidas a las algas, pero con flores. Constituyen un ecosistema de gran importancia, que aquí, en Formentera, cuenta con algunas de sus mayores poblaciones en el Mediterráneo. Alrededor de ellas se desarrolla una exuberante vida submarina, con centenares de especies, que atrae a submarinistas y a pescadores.

Un pequeño enclave mediterráneo

El pueblo de San Francisco Javier cuenta con los servicios necesarios para un turismo que se basa en el disfrute de la naturaleza, la ausencia de tensiones y el respeto al ambiente. Basta con decir que la bicicleta es el principal medio de transporte. Situado en las llanas tierras del interior, San Francisco Javier (Sant Francesc Xavier) es la capital administrativa de la isla y se encuentra a unos 3 kilómetros al sur de Sa Savina, pequeña localidad portuaria. Hasta aquí llegan los barcos de línea regular que comunican con la cercana isla de Ibiza.

Aunque la presencia humana en Formentera, como en general en el resto del archipiélago balear, se remonta a épocas antiquísimas, son escasos los datos históricos disponibles para esta isla. Se sabe, eso sí, que estuvo habitada hace más de 4.000 años, y buena prueba de ello es el sepulcro megalítico de Ca Na Costa, datado entre los años 1800 y 1600 a.C., que se encuentra al lado del Estany Pudent, frente al casco urbano de San Francisco Javier. Está formado por un conjunto de varias piedras en forma de losa dispuestas en círculo, además de los restos de lo que debía de ser un recinto circular cubierto, y constituye el único monumento de este tipo que encontramos en el archipiélago balear.

Estampa emblemática de Formentera es el airoso faro de Sa Mola. Fue construido en el siglo XIX por el ingeniero Emili Pou en la Punta de Sa Ruda, un paisaje abrupto y salvaje de estremecedora belleza.

Aunque se sabe que Formentera estuvo habitada desde épocas antiquísimas, no se dispone de muchos datos históricos sobre los primeros tiempos de la presencia humana en la isla.

La cautivadora Formentera atesora interesantes muestras de arquitectura tradicional que se funden armoniosamente con su peculiar geografía y con sus aguas turquesas.

Con sus grandes y rústicas aspas de madera, los molinos de viento de la isla de Formentera, como este de Sa Miranda, desempeñaron un papel importante en la economía.

En la costa de Formentera se levantaron diversas torres de vigilancia contra los piratas; la de Garoveret, en el Cap de Barbaria, es la más meridional de la isla.

Más tarde recalaron los griegos, que mantuvieron aquí una base de las muchas que establecieron por el Mediterráneo en sus navegaciones comerciales. Con el declive de Grecia llegó la dominación romana, que ocupó las áreas ya habitadas y dejó algunos restos, como el campamento fortificado de Can Pins, que puede visitarse cerca de Es Caló, en la playa de Tramuntana.

Refugio de piratas

Los árabes, tras invadir la Península, extendieron sus dominios por las islas y ocuparon también Formentera hasta que en el año 1235 las tropas catalanas les expulsaron del territorio. No obstante, esto no supuso el inicio de un asentamiento permanente, pues los piratas bereberes procedentes del norte de África llegaron poco después y se mantuvieron en la isla durante siglos, empleándola como uno de sus refugios desde donde podían atacar a los navíos de toda el área, aunque con esporádicos períodos en que las tropas cristianas pudieron expulsarles.

La peligrosidad de estos salteadores marítimos, que durante mucho tiempo provocaron el terror de los habitantes de las costas de buena parte del Mediterráneo occidental nos la hacen recordar las diversas torres de vigilancia distribuidas por la costa, como la de Punta Prima al nordeste de la población de Es Pujols, la Torre des Pi des Català al sur, en la playa de Migjorn, la Torre des Garoveret en el extremo meridional, cerca del cabo Barbaria, y la de Punta de la Gavina al oeste.

La iglesia y sus alrededores

El siglo XVIII marca la historia actual de San Francisco Javier, y de todo el resto de la isla, con la expulsión definitiva de los piratas y la construcción de algunos de los principales monumentos

La iglesia de San Francisco Javier (derecha) del año 1729, presenta un aspecto de fortaleza porque a su función religiosa se le agregó la defensiva. Sus muros son anchos y altos. El templo tiene una sola nave, con tres capillas laterales. El retablo del altar mayor (abajo) procede del monasterio de las Religiosas de Clausura de Ibiza.

que podemos encontrar en la actualidad. Cabe destacar entre ellos la iglesia fortificada del año 1729, de lisos y altos muros, aptos para la defensa frente a cualquier ataque, que se encuentra en la plaza principal y que descuella entre el blanco intenso de las paredes de los edificios cercanos, que reflejan la luz del sol.

Tiene especial interés el Museo Etnológico, que recoge una interesante muestra de instrumentos musicales tradicionales y de todos los aperos y utensilios empleados por los agricultores de esta tierra, de difícil labranza. En él se realizan también exhibiciones folclóricas, que vuelven a dar vida a las antiguas usanzas y costumbres de la isla.

Desde San Francisco Javier puede recorrerse en poco tiempo toda la isla. Existe un servicio de autobuses que comunica con las principales localidades, pero también puede alquilarse un coche, opción que permite una mayor independencia de horarios. La bicicleta es asimismo un medio de transporte muy utilizado, en particular por los visitantes, que de este modo, pausado y en contacto con la naturaleza, pueden ir descubriendo los rincones que nos ofrece Formentera.

Fiestas, tradiciones y artesanía

La música tradicional continúa estando muy presente en la actualidad, y varios son los intérpretes locales que cultivan las viejas canciones, en las que junto a unas raíces de oscuro origen se adivinan rasgos de influencia árabe. Piezas como las que contemplamos en el Museo Etnológico aún pueden verse en el curso de las fiestas populares, sobre todo en la de Santiago (San Jaime), patrón de la isla y que se celebra el 25 de julio, en las que no falta el baile payés (ball pagès), un

En La Mola, una planicie de 192 metros de altura que se introduce en el mar, hay un reducido núcleo urbano cuyo centro es la blanca y pequeña iglesia de Nuestra Señora del Pilar.

baile tradicional. Otra de las grandes fiestas es la de la Virgen del Carmen, el 16 de julio, la patrona de los marineros y pescadores, en la que se engalanan los barcos y se llenan de gentes para dirigirse en procesión fuera del puerto y realizar ofrendas florales a las aguas del mar.

La artesanía cuenta con una buena representación, como se puede ver en los mercadillos organizados en esta y en otras muchas localidades de Formentera, destacando la de los domingos en La Mola, donde junto a los artesanos tradicionales del lugar se unen los procedentes de otros lugares del mundo, como en una prolongación de los años sesenta y setenta del pasado siglo, cuando numerosos hippies hicieron de Ibiza y Formentera uno de sus enclaves europeos. Junto a los tradicionales sombreros de paja utilizados por los campesinos y los jerseys de lana hechos a mano, se venden también todo tipo de piezas de adorno, vestidos y bisutería.

Podemos encontrar en San Francisco Javier numerosos establecimientos gastronómicos donde disfrutar de la cocina de Formentera, en la que el pescado desempeña un papel de notable relevancia. Destaca en este aspecto el caldero mediterráneo, en sus dos principales variantes la de guisat y la de bullit, que encontramos en muchas localidades de todo el archipiélago pero que en cada una de ellas muestra unas características particulares que contribuyen a la riqueza y fama de este plato. Presente en numerosas recetas está también el peix sec, un pescado que se deja secar al sol y que después, desmenuzado, se incorpora a los restantes alimentos, adquiriendo sabores especiales en la combinación con productos naturales de la tierra. Igualmente importantes son los arroces, cocinados en diversas variedades, desde el seco hasta el que se acompaña de un nutritivo caldo. Entre los postres son tradicionales los higos secos o frescos y el excelente queso de cabra de elaboración casera.

Formentera cuenta con una rica tradición artesana, que incluye la confección de unas típicas muñecas que se venden en mercadillos; el principal es el de La Mola.

•canarias•canarias•canarias•canaria

2 Canarias

Santa Cruz de Tenerife
islas de naturaleza pródiga

Divididas en dos grupos a efectos administrativos, las siete principales islas Canarias se distribuyen entre las provincias de Santa Cruz de Tenerife y Las Palmas. La provincia de Santa Cruz de Tenerife abarca las islas de La Palma, La Gomera, El Hierro y Tenerife, esta última la más extensa y poblada del archipiélago canario. En conjunto, la población provincial supera el millón de habitantes, de los que más de 800.000 residen en Tenerife, lo que da idea del escaso poblamiento de las islas restantes, poco habitadas ya cuando llegaron a ellas los conquistadores españoles. Este conjunto de islas volcánicas, que también incluye algunos roques, alberga la mayor elevación de la península Ibérica, el Teide, en la isla de Tenerife, cuya cumbre, habitualmente nevada, alcanza los 3.718 metros de altitud. El volcán es, asimismo, el punto más alto de los archipiélagos atlánticos. Declarado primero parque nacional y más tarde Patrimonio de la Humanidad, el recinto de las Cañadas del Teide es uno de los muchos enclaves extraordinarios que perviven en estas islas, llamadas en la antigüedad «Afortunadas». Hay otros dos parques nacionales en la provincia, el de la Caldera de Taburiente, en la isla de La Palma, y el de Garajonay, en La Gomera, y por si fuera poco, tanto la isla de La Palma como la de El Hierro han ido reconocidas como Reservas de la Biosfera.

La isla de Tenerife, situada a unos 300 kilómetros del continente africano, no tiene su origen en la plataforma continental de África sino en la actividad volcánica del fondo del Atlántico. Se estima que las primeras tierras tinerfeñas se elevaron de las aguas hace unos siete millones de años. De origen volcánico y de accidentada orografía, destaca en el paisaje el pico del Teide, que, con

En la doble página anterior, uno de los iconos de la isla de Tenerife, el drago milenario de Icod de los Vinos, el árbol más longevo y grande del archipiélago canario con sus 17 metros de altura y su enorme copa.

En la página izquierda, el valle de la Orotava, donde impera uno de los numerosos ecosistemas de Tenerife. Abierto a los vientos húmedos del Atlántico y con precipitaciones abundantes, el valle ofrece un color verde dominante y cuenta con tecnificados cultivos.

José Viera y Clavijo, en la *Histoire Naturelle des Iles Canaries* (París, 1839), escribió: «*Al llegar a la cima del Teide cesa la fatiga en presencia del admirable espectáculo que se desarrolla bajo nuestros ojos. ¿Cómo describir esta sorpresa acompañada de éxtasis, esta atención seguida de vértigo que allí se experimenta? Acabamos de alcanzar uno de los puntos culminantes de nuestro hemisferio, y desde él saludamos los primeros el nuevo día, pues según M. Humbodlt los rayos del sol llegan a la cúspide del Pico unos doce minutos antes que a la llanura. Sumíanse nuestras miradas sobre el vasto océano desde una colosal altura. Hacia el Oriente percibíamos la isla de Lanzarote al extremo del horizonte; luego Fuerteventura que se alargaba hacia la Gran Canaria; en el Occidente la sombra del Teide extendíase sobre La Gomera en forma de triángulo, y un poco más lejos las islas de La Palma y El Hierro mostrábannos sus escarpadas cumbres. De modo que, todo el archipiélago canario estaba allí reunido como sobre un plano de relieve, y bajo nuestros pies Tenerife, con sus grupos de montañas y sus profundos valles. ¡Qué admirable panorama!*».

sus 3.718 metros de altura, es la cota más elevada del territorio español. Se trata, además, de un volcán que todavía se mantiene activo. Su cima cubierta de nieve fue la que inspiró el nombre de la isla a sus pobladores originales, los guanches.

En la isla de Tenerife señorea el impresionante pico del Teide, que con sus 3.718 metros es el volcán más alto del archipiélago canario y el monte más alto de España.

Las erupciones volcánicas no han cesado en toda la historia geológica de la isla, y ya desde el siglo XV, se tiene referencia escrita de las mismas. La última se produjo el 18 de noviembre de 1909 en el volcán Chinyero, y duró diez días.

Tenerife tiene forma triangular y la cadena montañosa central actúa como eje vertebral que permite distinguir dos áreas climatológicas distintas, en función de su mayor o menor exposición a los vientos húmedos procedentes del océano, los vientos alisios, que pueden dejar entre 800 y 1.000 milímetros de precipitaciones al año en la zona septentrional, mientras que apenas dejan caer lluvia en el sur.

Esta gran variedad de paisajes, desde la cumbre del Teide hasta los acantilados rocosos, pasando por zonas de bosques y otras desérticas, hacen de la isla un enorme crisol de ecosistemas, lo cual da lugar a una gran riqueza botánica y faunística. Así, la flora tinerfeña cuenta con unas 1.400 especies de plantas superiores, entre las que se incluyen 200 endemismos canarios y 140 de la isla.

El Parque Nacional del Teide muestra un paisaje excepcional creado por los conos volcánicos y las feroces coladas de lava, en el que florecen especies de gran valor biológico como el tajinaste rojo o el tajinaste azul.

Constituye uno de los principales centros turísticos españoles, con visitantes a lo largo de todo el año, lo que ha condicionado de manera notable su desarrollo urbanístico. No obstante, sus playas de arena negra de origen volcánico, son menos conocidas y frecuentadas que las de otras islas del archipiélago.

Uno de los atractivos más conocidos de la isla es el parque nacional de las Cañadas del Teide, al que acuden miles de visitantes que ascienden hasta la cumbre y tienen ocasión de conocer así interesantes aspectos de la actividad volcánica.

Tenerife prehispánico

La isla aparece citada en los relatos de los navegantes de la Antigüedad, como en las crónicas de Plinio. Recibía por aquel entonces el nombre de Nivaria, haciendo referencia a su cumbre nevada, visible desde larga distancia emergiendo del mar y entre nubes, mucho antes de que los navíos pudieran avistar la tierra firme. Ya en aquella época estaba ocupada por los guanches, de los que se desconoce buena parte de su historia y costumbres, aunque tardaron casi un siglo en extinguirse tras la llegada de los primeros europeos.

Son numerosas las leyendas sobre este pueblo, basadas en ese desconocimiento de su pasado, aunque la que quizás haya despertado mayor interés por su aureola mítica sea la que les atribuye ser los últimos descendientes de un continente hundido entre las aguas del océano, la Atlántida, habitada por un pueblo de elevada cultura al que el enorme cataclismo obligó a refugiarse en las pocas tierras emergidas que quedaron. No hay pruebas de la existencia de esa cultura, por mucho que los hallazgos realizados en los fondos se quieran atribuir a aquellos míticos pobladores.

Bosques de pinos en las laderas del Teide. Estas formaciones arbóreas comienzan a marcar la transición hacia las zonas más secas de la isla.

Magnífica panorámica de los Roques de García, con la singular formación rocosa del Roque Cinchado, el Llano de Ucanca, la mayor cañada del Parque Nacional del Teide, y la majestuosa silueta del Teide al fondo.

Se trataba de un pueblo de tez blanca y de elevada estatura que había llegado al parecer desde el norte de África. Ocupaban todas las islas del archipiélago canario, pero permanecían aislados entre sí pues desconocían el arte de navegar. Su cultura era aún primitiva, procedente del Paleolítico, si bien mostraba avances puntuales en aspectos como la artesanía o el culto a los muertos. Estaban organizados en menceyatos, o reinos, regidos por un mencey, o rey, que gobernaba con el auxilio de un consejo de ancianos.

Cuando los españoles llegaron a Tenerife, la isla estaba dividida en nueve menceyatos, que opusieron una fuerte resistencia a la conquista, hasta el punto de que buena parte de su población desapareció y el resto quedó asimilada entre los nuevos pobladores.

Tenerife después de los guanches

Aunque ya desde el siglo XIV españoles y portugueses habían comenzado a situar a las Canarias bajo sus miras, acudiendo a la isla en busca de pieles, cueros, sangre de drago y esclavos, no fue hasta los albores del XV cuando comenzó la conquista efectiva de las islas. Tenerife fue la última en ser sometida, lo cual sucedió durante el reinado de los Reyes Católicos.

Jefes guanches ante los Reyes Católicos, según una pintura expuesta en el Ayuntamiento de La Laguna. La ocupación de las islas Canarias por España no fue una tarea fácil: tardó veinte años por la resistencia de los primitivos habitantes, acerca de los cuales se conoce aún poco.

Fue el adelantado Alonso Fernández de Lugo quien consiguió vencer finalmente a los reyes guanches, aunque sufriera también algunas graves derrotas, como la del año 1494 en la Matanza. Ese desastre hizo que el adelantado modificara su estrategia y volviera al año siguiente con un ejército más poderoso. Logró atraer a su bando a algunos reyes locales, dividiendo así las fuerzas de los guanches y completando la conquista. Los que se opusieron a los invasores hasta el final, optaron por suicidarse antes de caer en manos de sus enemigos, lo cual ha inspirado también numerosos relatos y leyendas épicas. El último de los mencey en caer fue Bencomo, en una batalla que tuvo lugar en el actual valle de La Orotava. Con su desaparición y la incorporación de Tenerife a la corona de Castilla el 25 de julio de 1496, se completó definitivamente la conquista de las Canarias.

Al parecer, el tramo final de la conquista fue dramático. La peste y el hambre diezmaron a los indígenas, abatidos también en gran número durante las guerras de conquista. Según se cuenta, los perros llegaron a comerse a algunos indígenas enfermos o heridos, que tenían que dormir so-

A orillas del mar, en la plaza de la Patrona de Canarias de la ciudad de Candelaria, se alza la estatua en bronce del mencey de Anaga, Beneharo, uno de los líderes de los guanches, que según la tradición habitaban Tenerife en el momento de la conquista española.

bre los árboles para poder librarse de esta amenaza. Uno de los menceyes se arrojó al vacío al contemplar con impotencia el terrible espectáculo que ofrecía su pueblo, otro fue entregado a modo de obsequio al embajador de Venecia. El grueso de los cabecillas fue trasladado a la Península, donde se les bautizó y, más tarde, volvieron en su mayoría a Tenerife convertidos en señores feudales; algunos desaparecieron del mapa. El panorama no era nada alentador, pero la conquista de América, prácticamente coetánea de la incorporación de Canarias a España, cambió el papel de las islas. En lo sucesivo, desempeñaron una valiosa función en los frecuentes viajes desde la Península al Nuevo Mundo, y viceversa. La isla comenzó entonces a poblarse con colonos procedentes de la Península y otros lugares de Europa, y así se fue configurando poco a poco, con las diversas influencias aportadas por aquellos pioneros, la actual población y cultura canarias.

Tanto Tenerife como el resto de las islas se encuentran en un punto estratégico en el tráfico marítimo que une Europa y América, tanto más durante la época de los imperios portugués y español, lo cual hizo que fueran codiciadas por otras potencias. Esa circunstancia condujo a la aparición de numerosas fortificaciones distribuidas por distintos lugares con fines defensivos.

Los piratas y corsarios llegaron con frecuencia hasta sus costas y en ocasiones provocaron graves daños. Entre los ataques de otras potencias marítimas más recordados en la isla está el

Garachico, crecido entre la montaña y el mar, fue reconstruido tras la violenta erupción volcánica de 1706. Su casco histórico, con sus espléndidos edificios dieciochescos y otros tesoros arquitectónicos, es uno de los más hermosos de la isla de Tenerife.

Los espectaculares acantilados de los Gigantes dominan la costa oeste de Tenerife. Estas sobrecogedoras paredes verticales descienden hasta el océano desde alturas que pueden alcanzar en algunos puntos los 800 metros.

del almirante Nelson, que fue derrotado en el ataque naval a Santa Cruz de Tenerife el 25 de julio de 1797, tras cuatro intentos de asalto a la ciudad, acontecimiento que en la actualidad se conmemora cada año como la fiesta de la Gesta.

La situación de la isla propició, como en el resto del archipiélago, un gran desarrollo comercial, particularmente notable durante el siglo XVIII. En la actualidad, el turismo constituye una de las principales fuentes de ingresos de Tenerife, que ofrece una gran variedad de opciones, favorecida por un clima suave a lo largo de todo el año.

Santa Cruz de Tenerife

Ejemplo de una perfecta simbiosis entre una ciudad colonial y una urbe moderna, Santa Cruz de Tenerife aún mantiene huellas de la importancia que tuvo como plaza militar, pero día a día crece su condición de gran centro administrativo y de servicios. Es muy probable que el lugar donde hoy se eleva la ciudad formara parte de los territorios del reino guanche de Anaga.

Aquí llegó, en el curso de la conquista de la isla, el adelantado Alonso Fernández de Lugo, que en el Barranco de Santos consiguió vencer la resistencia de los defensores locales, tras lo cual plantó, como era costumbre, una cruz en señal de su victoria. Alrededor de ésta fue formándose un asentamiento que constituyó el núcleo que dio origen a la ciudad.

Estatua al almirante Nelson, derrotado en 1797 al intentar la ocupación de Santa Cruz de Tenerife.

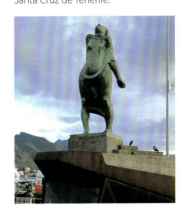

Cada mes de agosto miles de canarios procedentes de todo el archipiélago acuden a Candelaria para la celebración de las fiestas en honor de Nuestra Señora de la Candelaria, patrona de Canarias, a la que se venera en la basílica de mediados del siglo XX.

En Santa Cruz de Tenerife conviven los espléndidos edificios clasicistas de su centro histórico con una nueva arquitectura de moderna factura, representada por altísimos rascacielos y el espectacular Auditorio.

Pronto el campamento inicial vio surgir a su alrededor diversos edificios, entre ellos la primitiva iglesia de la Concepción, que dependía de la parroquia de La Laguna, aunque ya desde 1539 se constituyó como parroquia independiente.

La incipiente ciudad contaba con un desembarcadero, que poco a poco fue ampliándose. Dada la posición estratégica que ocupaba la villa, en 1564 Sancho de Herrera levantó una torre que fue el comienzo de las fortificaciones. En 1570 se construyó un castillo, el de San Cristóbal, cuyos restos aparecieron recientemente; en 1648 se erigió otro, el de San Juan, y con posterioridad hasta llegar al siglo XIX, se fueron ampliando las instalaciones defensivas de la ciudad. En el siglo XVIII se remodeló y amplió el muelle, trabajos que se completaron en el curso del siglo XIX. De este modo se potenció una mayor actividad económica.

El desarrollo económico propició la aparición de nuevas iglesias y conventos, así como de numerosos edificios señoriales y, poco a poco, de sedes de gobierno, lo que culminó en 1723 cuando el capitán general de las islas fijó su sede en Santa Cruz, trasladándola desde La Laguna.

En 1803, la urbe recibió el título de Muy Noble Leal e Invicta Villa de Santa Cruz de Tenerife, lo cual le permitió no depender ya administrativamente de La Laguna. Finalmente, en 1859 obtuvo el título de ciudad, aunque ya con anterioridad, en 1833, se había convertido en la capital de la isla.

Una ciudad colonial y moderna

Santa Cruz de Tenerife es hoy una moderna ciudad, cosmopolita, con amplias avenidas y hermosas plazas. La plaza de España es la más amplia de la ciudad. Se inició su construcción en 1929, sobre los restos del histórico castillo de San Cristóbal, y se inauguró en 1950. En 2006-2007 se emprendió una profunda remodelación de este magnífico espacio urbano, según un vanguardista proyecto encargado al estudio de arquitectos Herzog & de Meuron. Los 36.160 m² de superficie ya remodelados en 2008 comprenden un lago con fuentes de caudal variable, un vasto parque y servicios de diversa índole (locales de hostelería, tiendas, quioscos) alojados en los denominados pabellones. En el curso de las obras se localizaron bajo la plaza restos de las murallas del antiguo castillo de San Cristóbal, que han sido preservados y actualmente se pueden visitar en un recinto subterráneo habilitado para su exhibición. En la misma plaza se levanta la sede del Cabildo Insular de Tenerife, edificio racionalista en cuyo salón noble pueden admirarse unos murales de José Aguilar, importante pintor canario. En dirección al puerto se erige el monumento dedicado a la victoria lograda por la ciudad frente al ataque de Nelson, en 1797, que representa la resistencia popular en forma de una mujer.

Enfrente de la plaza de España se abre la plaza de la Candelaria, la primera que se trazó en Santa Cruz de Tenerife, durante la segunda mitad del siglo XVI. El Casino de Santa Cruz, la Cámara de Comercio o el edificio Olympo, entre otros inmuebles emblemáticos, tienen fachada orientada a este espacio. Conocida inicialmente como plaza Real o plaza del Castillo, está coronada por el monumento al Triunfo de la Candelaria, levantado en 1787, y que representa la Virgen y cuatro guerreros guanches a sus pies. En uno de los extremos de esta plaza se encuentra el palacio de los Carta, construido en 1752 y que constituye uno de los mejores ejemplos de la arqui-

La plaza de la Candelaria se inauguró en 1575 con el nombre de plaza Real. En 1787, al levantarse el monumento al Triunfo de la Candelaria, obra de Pasquale Bocciardo, fue dedicada a la patrona de Canarias.

A la izquierda, fuente en el patio de la Capitanía General. Abajo, salón del trono de la Capitanía General. La fuerte presencia de las instituciones militares, que muchas veces suplían la falta de facultades de las autoridades civiles locales, fue durante muchos años una constante en la historia de Tenerife. El edificio, de estilo neoclásico, es de 1880.

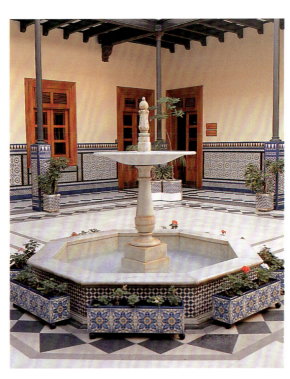

tectura civil canaria del Barroco. En su interior puede contemplarse un rico artesonado y una balconada interior, que contrasta con la relativa sobriedad de la fachada neoclásica. Del siglo XIX es la plaza de Isabel II, más conocida como plaza de la Pila por su inmensa fuente con cinco caños en forma de cabeza de león.

Numerosos testimonios del pasado de la ciudad, concentrados en su casco antiguo, permiten al visitante conocer buena parte de la historia de la isla. Uno de los puntos que marcan los comienzos de la urbe lo encontramos en la iglesia de la Concepción, que en su actual forma comenzó a construirse en 1500, y que se dedicó a la Santa Cruz. Más tarde, en 1638, recibió el nombre de Nuestra Señora de la Concepción, que es como se la conoce hoy. Las obras finalizaron en el último cuarto del siglo XVIII. El templo tiene planta de cruz latina y consta de cinco naves. Su arquitectura es característica del estilo colonial canario. Uno de los elementos destacados de esta iglesia es la capilla de los Carta, del siglo XVIII, con un magnífico retablo de estilo barroco-churrigueresco, considerado el mejor de toda la isla. Otras de las obras de arte importantes que alberga son la imagen gótica de la Virgen de la Consolación y la Cruz de la Conquista, que datan de la época fundacional. Es destacable asimismo el trono de plata en el que se encuentra el Santo Entierro, imagen que se saca en procesión durante la liturgia de la Semana Santa. En el altar mayor hay una excelente imagen de la Inmaculada Concepción. Notable es, asimismo, el Cristo del Buen Viaje, del siglo XVII, y el magnífico órgano de 1862, construido en Inglaterra.

En 2007 se inauguró la línea de tranvía de Santa Cruz de Tenerife, que enlaza los principales puntos de interés de la ciudad salvando su particular orografía: monumentos, equipamientos culturales y de servicio, y zonas comerciales.

La iglesia de Nuestra Señora de las Nieves figura también entre las más antiguas de la isla, pues estaba abierta al culto ya en 1506. Consta de tres naves, completadas en el siglo XVIII, y destaca en su interior, en un retablo mudéjar, el tríptico de la Adoración de los Reyes, del siglo XVI y atribuido a Hans Memmling, un discípulo de Van Eyck, pero que algunos historiadores consideran obra de Marcellus Coffermans. Es notable la imagen de la Virgen de las Nieves, del siglo XVI, y las del Crucificado y de la Concepción, de la escuela francesa.

Hay que visitar la iglesia de San Francisco, que ocupa el lugar donde primero se levantó la ermita de Nuestra Señora de la Soledad, que sirvió más tarde para que se construyera el convento de San Pedro de Alcántara, de la orden de los franciscanos.

Del patrimonio artístico de Santa Cruz destaca la iglesia de la Concepción, erigida en el año 1500, aunque fue reconstruida en 1653 tras un pavoroso incendio.
De la magnífica construcción en estilo colonial canario destaca el airoso campanario de 1786.

La playa más popular de Santa Cruz de Tenerife es la de las Teresitas, situada a unos 10 kilómetros de la ciudad. Se construyó un rompeolas para proteger la playa del fuerte oleaje y se cubrió la arena volcánica con fina arena dorada traída del Sahara.

Arriba, la moderna Santa Cruz de Tenerife ejerce una triple capitalidad: de la Comunidad Autónoma de Canarias, junto con Las Palmas de Gran Canaria, de la provincia homónima y de la isla sobre la que se asienta. A la derecha, edificio del Cabildo Insular de Tenerife, de 1949. Su autor, José Enrique Marrero Regalado, le incluyó la torre para que se viese desde el mar y fuese considerado símbolo de la ciudad.

El aspecto actual del templo procede de los siglos XVII y XVIII y es de estilo barroco. Tiene tres naves y destaca el retablo central, del XVIII, en el que encontramos la imagen de la Inmaculada, una obra de la escuela andaluza, del siglo XIX, y la de Santo Domingo, del XVIII y obra de un artista canario anónimo. Una de las capillas, la de la orden Tercera, fundada por varias familias irlandesas en 1763, alberga la imagen del Señor del Huerto, una de las mejores que se llevan en procesión durante la Semana Santa. Otra muestra interesante de la arquitectura religiosa es la ermita de San Telmo, del siglo XVI, propiedad de la cofradía de pescadores.

Entre las fortificaciones que protegieron la isla durante siglos cabe destacar el castillo de San Juan, conocido popularmente como castillo Negro y que es el mejor conservado. Comenzó a construirse durante la primera mitad del siglo XVII, pero se completó y amplió posteriormente, finalizándose las obras en 1765. Tiene planta circular y lo defienden parapetos con troneras con varias piezas de artillería, así como una pequeña ermita, la de la Regla. Se encuentra situado en la Caleta de Negros y junto a él está el parque marítimo César Manrique, obra de este artista canario, con un estanque circular.

Museos y ocio

Interesante es asimismo el teatro Ángel Guimerá, construido donde anteriormente se levantaba el convento de Santo Domingo. Es un edificio de estilo clasicista romántico, inaugurado en 1851 y que recibió en 1925 su actual denominación, en honor del dramaturgo Ángel Guimerá, oriundo de esta ciudad. El Museo Arqueológico, en la calle Fuentes Morales, posee una interesante colección de momias, utensilios y objetos diversos de la cultura guanche, así como numerosos recuerdos históricos posteriores a la conquista. En el Museo Militar, dentro del cuartel de Almeida, puede verse el famoso cañón Tigre, que fue al parecer el que disparó la bala que le arrancó un brazo al almirante Nelson en el curso de su ataque a la ciudad, en 1797.

En 2008 se inauguró en los márgenes del Barranco de Santos, cerca de la iglesia de la Concepción, el Tenerife Espacio de las Artes (TEA), un centro cultural que comprende el Museo Contemporáneo Instituto Óscar Domínguez, el Centro de Fotografía Isla de Tenerife y la Biblioteca Municipal Central. El edificio, de nueva planta, es un proyecto del estudio de arquitectos Herzog & de Meuron llevado a cabo bajo la dirección de Virgilio Gutiérrez Herreros. El recinto, que incluye una plaza pública abierta, abarca una superficie de 20.622 m². En el interior de las instalaciones, una amplia escalera en espiral conecta los diversos niveles del edificio, diseñado con una gran apertura hacia el exterior y, por tanto, con abundante luz natural. El TEA tiene como objetivo contribuir al florecimiento y la difusión de la cultura y a la promoción de los muchos artistas tinerfeños.

En las proximidades se encuentra el Museo de la Naturaleza y del Hombre, un centro de fama internacional que cuenta con una sección dedicada a la naturaleza de las islas Canarias, con especial atención a su origen geológico, y otra centrada en el pueblo guanche, cuya historia se recorre a través de fotografías y piezas históricas. Reviste particular interés el apartado dedicado al

El teatro Ángel Guimerá (arriba y a la izquierda) fue inaugurado en 1851 siguiendo el proyecto del arquitecto Manuel de Oraá de factura neoclásica. Conocido como «la Bombonera», se levantó en el solar de un antiguo convento dominico que pasó a poder del municipio tras la desamortización, y exhibe en su fachada exquisitos relieves de guirnaldas y alegorías musicales.

Uno de los numerosos atractivos de la ciudad y uno de los más notables es la playa de Las Teresitas, situada a unos 8 kilómetros al norte del centro urbano. Su aspecto, muy diferente al de otras playas de esta isla volcánica, es fruto de un arduo trabajo realizado en el año 1974 y que consistió en transportar miles de toneladas de arena procedente de la costa sahariana y crear así una playa artificial superpuesta a la playa natural. El color claro de sus arenas y las palmeras confieren a Las Teresitas un ambiente grato para que acudan allí miles de tinerfeños, turistas extranjeros y visitantes peninsulares a disfrutar del suave clima predominante durante todo el año. Las frías aguas del Atlántico no siempre se prestan al baño apacible, pero la playa brinda un magnífico lugar de recreo a todos los que la frecuentan.

mundo funerario de los primitivos pobladores del archipiélago canario, que cuenta con una buena colección de cráneos guanches, así como con un amplio conjunto de los cráneos de cabra que los aborígenes tenían por costumbre enterrar en las sepulturas de sus reyes. Se pueden ver, además, valiosas momias guanches, como la llamada momia de San Andrés, perteneciente a un hombre de unos 25 o 30 años, cubierta parcialmente con piel de cabra. Esta momia, notable por su buen estado de conservación, fue hallada en una cueva del macizo de Anaya, a las afueras de la localidad tinerfeña de San Andrés. Otra pieza significativa es la piedra Zanata, y fuera del ámbito de la cultura guanche, merece la pena reseñar las ánforas romanas y del Egeo, así como las reproducciones de objetos africanos y de la América precolombina. Como colofón, el Museo Municipal de Bellas Artes expone una importante colección de obras de artistas canarios.

En pleno centro de Santa Cruz de Tenerife, el Museo Municipal de Bellas Artes tiene una exposición permanente de pinturas y esculturas de artistas canarios.

El Auditorio

En la zona sur del puerto de Santa Cruz de Tenerife, a orillas del océano, se yergue desde 2003 el Auditorio de Tenerife, un vistoso edificio que lleva el sello inconfundible de Santiago Calatrava. Situado en la avenida de la Constitución, en el barrio de Cabo Llanos, la imagen de su gran vela, evocadora del velamen de un navío, se ha convertido, desde la inauguración del edificio, en un símbolo de la ciudad e incluso del archipiélago canario. Esta enseña arquitectónica del siglo XXI abarca una superficie de 23.000 m², de los que 6.471 pertenecen a los dos auditorios musicales, el sinfónico y el de cámara. La sala principal o sinfónica, con capacidad para 1.616 espectadores, está cubierta con cúpula. Llaman la atención, a ambos lados del amplio escenario, los tubos del órgano diseñado por Albert Blancafort, un instrumento de cariz contemporáneo, cuyos sonidos envuelven al espectador.

La sala de Cámara reproduce a menor escala (422 localidades) la distribución en anfiteatro de la sala principal. Los principales servicios para el público se distribuyen a los lados del vestíbulo, al que se accede por los flancos del edificio. Hay, además, una veintena de camerinos, así como espacios destinados a peluquería, maquillaje y vestuario. En el exterior, dos terrazas permiten contemplar el mar. El edificio se ilumina por las noches de manera muy vistosa.

En general, el color predominante es el blanco brillante, pero pueden emplearse también otros tonos de iluminación para crear efectos de diversa índole. Sede de la Orquesta Sinfónica de Tenerife, el Auditorio acoge a lo largo del año los espectáculos programados en el marco del Festival de Ópera de Tenerife y del Festival de Música Clásica de Canarias.

Otros centros culturales que programan de continuo actividades relacionadas con las bellas artes, la música y el teatro son el Espacio Cultural El Tanque y el Círculo de Bellas Artes. El primero lleva el nombre del tanque contenedor de la refinería santacrucera que en 1997 se reconvirtió para crear un espacio puntero dedicado a exposiciones, teatro, espectáculos audiovisuales y de danza, actividades multimedia y otros montajes de diversa índole. El segundo, fundado en 1926, es una institución con gran solera que programa exposiciones de pintura y de fotografía.

Domina la zona del puerto de Santa Cruz de Tenerife la vanguardista estructura del Auditorio de Tenerife, obra del arquitecto Santiago Calatrava, que se ha convertido en uno de los iconos de la isla.

El auditorio de Tenerife está coronado por el pico gigantesco de la gran vela que evoca la imagen de un navío.

El vistoso edificio del Auditorio de Tenerife se levanta como una gran embarcación a orillas del océano, en la zona sur del puerto de Santa Cruz de Tenerife.

Tiene un carácter muy distinto la magnífica colección de arte que podemos contemplar en el parque García Sanabria (abierto en 1926 y remodelado en 2004-2006) y en las ramblas cercanas. Aloja esculturas de artistas de todo el mundo, entre los que pueden citarse nombres como Pablo Serrano, Guinovart, Miró, Alfaro y Moore. Todas estas obras llegaron a la isla para participar en la Primera Exposición Internacional de Esculturas en la Calle, que se celebró en Tenerife entre diciembre del año 1973 y enero de 1974, y que han conformado después un museo permanente al aire libre.

Carnavales y placeres culinarios

Entre las numerosas fiestas que tienen lugar en estas islas occidentales cabe destacar los Carnavales de Tenerife, de merecido renombre internacional. Son los más espectaculares de España y el resto de Europa, y atraen cada año a miles de visitantes que participan en esta gran fiesta callejera. Los trajes, las máscaras y los disfraces son de una gran belleza y colorido, lo que les convierte en dignos rivales del Carnaval de Río de Janeiro. Las celebraciones comienzan con la elección de la reina del Carnaval y tienen su momento álgido en el gran desfile, llamado el coso, que tiene lugar el martes de Carnaval. Para cerrar los festejos, el Miércoles de Ceniza se celebra el Entierro de la Sardina. Santa Cruz de Tenerife celebra la Virgen del Carmen (16 de julio) con una procesión en el mar y la conmemoración de la defensa de la ciudad el 25 de julio. La

La espectacularidad, el colorido, el lujo de los disfraces, la alegría y las notas irónicas sobre la actualidad son los aspectos dominantes de los famosos Carnavales de Tenerife, que cada año reúnen a miles de turistas.

El mercado de Nuestra Señora de África de Santa Cruz, conocido popularmente como La Recova, fue inaugurado en 1944. En este bonito edificio neocolonial, destaca el singular arco de entrada, los balcones de hierro y el remate con el escudo de Santa Cruz.

fiesta de la Virgen de la Candelaria, patrona de las Canarias, el 15 de agosto, se celebra con peregrinaciones a ermitas y romerías con agrupaciones venidas de todo el archipiélago.

La gastronomía tinerfeña se caracteriza por una base procedente de la Península, con influencia notable de la cocina andaluza, a la que se añade una gran variedad de productos de origen americano y el gofio, herencia de los antiguos guanches, consistente en harina de trigo, o más recientemente, maíz, que se tuesta y se sirve como acompañamiento de multitud de platos.

También es muy característico el mojo, ya sea verde o rojo, según se use cilantro o pimentón para elaborar esta salsa, a la que se añade ajo, aceite, vinagre y comino. Las patatas constituyen otro de los ingredientes que no faltan en los fogones. Se pueden preparar de muchas formas distintas, y se complementan con excelentes carnes y pescados.

Bacalao con cebolla y gofio es un típico plato de la cocina tinerfeña, la cual está muy influida por la andaluza. De todas formas, la creatividad y los ingredientes locales le han dado un sabor particular.

Por citar algunos de los platos con más personalidad en la carta de los restaurantes tinerfeños, mencionaremos el sancocho, que es un guiso de pescado, generalmente cherne, corvina o burro, con patatas y batatas, o la sama frita, un pescado de estas aguas, con mojo verde acompañamiento típico en la gastronomía canaria. El conejo con salmorejo, el arroz con verduras, el potaje o el cocido son algunos de los platos que, aun siendo de origen peninsular, poseen en estas islas variantes propias de gran originalidad y sabores particulares.

Declarada Bien Cultural y Patrimonio de la Humanidad por la Unesco en 1999, la señorial población de La Laguna posee un atractivo casco antiguo con monumentos, mansiones y edificios históricos magníficamente conservados.

San Cristóbal de La Laguna

Factor fundamental en la conquista española de las islas Canarias y primera capital de Tenerife, San Cristóbal de La Laguna nunca perdió, sin embargo, la calidad de bastión cultural e intelectual del archipiélago. En 1999, además, la Unesco la declaró Patrimonio de la Humanidad. Aunque conocida habitualmente como La Laguna, la antigua capital administrativa de la isla ha experimentando en los últimos años un notable crecimiento, pasando de unos 100.000 habitantes en 1985 a los más de 150.000 que tiene en la actualidad. Continúa siendo la capital cultural y religiosa de Tenerife. Es una urbe de cuidado trazado, en la que se ha producido un crecimiento armónico alrededor de los principales edificios históricos, de los que se conserva un gran número.

El adelantado Alonso Fernández de Lugo firmó el 9 de julio de 1497 los documentos de creación de las instituciones de la ciudad que, en 1496, los primeros colonos y los soldados de la guarnición allí establecida habían comenzado a construir en la orilla de una laguna, hoy desaparecida (en los alrededores de la actual iglesia de la Concepción). Como quiera que el enclave recibía las aguas de los numerosos barrancos circundantes y el fango se acumulaba, se decidió trasladar la localidad a un lugar menos insalubre, donde estaba el hospital Sancti Espíritu, creándose así la llamada Villa de Abajo. Ya en tiempos más recientes, el desarrollo urbanístico volvió a reunir ambas zonas.

En 1510 recibió el título de ciudad y en 1534 se la distinguió con la designación de Muy Noble y Leal. El Cabildo comenzó a funcionar en 1497 y poco a poco fueron asentándose aquí las ór-

En la gran plaza de San Cristóbal de La Laguna, también conocida como plaza de la Milagrosa, se levanta una imponente estatua en mármol genovés de la Virgen de la Milagrosa, traída desde la Península en 1929.

denes religiosas que construyeron los primeros conventos e iglesias. El desarrollo en estos años fue rápido, hasta el punto de que en el plano de Leonardo Torriani, del año 1588, La Laguna aparece ya con el casco urbano perfectamente trazado en su aspecto definitivo. Un suceso natural, sin embargo, supuso la interrupción de la pujanza económica, aunque no afectara a otros factores de su actividad. En 1706, una erupción volcánica cegó el puerto de Garachico, con lo que la ciudad pasó a depender de Santa Cruz en cuanto a sus comunicaciones por vía marítima, produciéndose a partir de entonces un paulatino desplazamiento del quehacer mercantil hacia esa ciudad y un declive administrativo, pues muchas de las instituciones de gobierno, tanto estatales como insulares, se trasladaron a Santa Cruz.

En 1723, la Capitanía General de las Islas fijó su sede en la ciudad, poniendo de relieve su importancia como administración militar, sin que ello supusiera detrimento alguno para su papel civil y religioso. Este último se vio ensalzado en 1818, cuando se creó la diócesis Nivariense y se estableció el obispado en la ciudad.

Fachada de la Universidad de La Laguna. La ciudad siempre ha sido la vanguardia intelectual y cultural de Canarias, por lo que en 1927 fue designada sede de la Universidad de San Fernando de La Laguna.

En el aspecto cultural cabe reseñar, como reconocimiento a una larga trayectoria y al papel relevante desempeñado en la cultura y el arte de las islas, la creación, en el año 1927, de la Universidad de San Fernando de La Laguna, heredera de la antigua Universidad de la isla, del siglo XVIII. Y no menos relevante es la propuesta, en 1998, por parte del gobierno español de presentar la candidatura de la ciudad a la red del Patrimonio de la Humanidad de la Unesco, reconocimiento que se le otorgó al año siguiente.

Callejeando por el casco antiguo

El centro de la ciudad, delimitado por la iglesia de la Concepción y la plaza del Adelantado, encierra en su interior los principales monumentos. Constituye un agradable paseo por la historia de las Canarias, que el visitante va descubriendo en un conjunto de pequeñas plazas y calles. Numerosos palacios y mansiones señoriales, dispuestos en un cuidado orden, han hecho de la ciudad un notable ejemplo de la arquitectura de los siglos XVII y XVIII que se desarrolló en la América hispana durante esa época, configurando así un estilo colonial caracterizado por el trazado en forma de cuadrícula de las ciudades y un perfecto ordenamiento de todos sus servicios. El catálogo de monumentos de La Laguna cuenta con cerca de cuatro centenares de edificios, clasificados en distintos tipos y grados de interés cultural.

Situada en el noroeste de Tenerife, en el fértil valle de Aguere, San Cristóbal de La Laguna, conocida como La Laguna, sigue siendo un gran centro universitario y cultural a pesar de haber perdido su condición de capital administrativa de la isla de Tenerife.

El Patronato de Turismo organiza diversas visitas guiadas, que son una buena ocasión para conocer en mayor profundidad el desarrollo histórico de este tesoro cultural. No obstante, el término municipal es más amplio e incluye áreas de usos muy diversos, como la zona de Taco, donde se asientan varias industrias que mueven la economía de la ciudad; Bajamar y Punta del Hidalgo, donde surgen hoteles, apartamentos, piscinas y otros establecimientos turísticos, y, por último, lugares como Barranco del Milán o Becerril, donde los yacimientos arqueológicos van sacando a la luz aspectos del todavía en parte desconocido período prehispánico de la isla.

La catedral y la Concepción

La relevancia de la ciudad en el aspecto religioso se pone de manifiesto en las numerosas iglesias, conventos y capillas. Empezaremos con la visita de la catedral. Hasta adquirir el rango catedralicio, el templo ha experimentado distintas etapas. Sus orígenes se remontan al año 1511, cuando se levantó una pequeña ermita en la incipiente ciudad que poco después se transformó en la iglesia de Santa María de los Remedios. A partir de entonces se llevaron a cabo distintas obras de ampliación para atender a las crecientes necesidades. En 1818 se creó el obispado de Tenerife y el templo se convirtió en catedral, hecho que no impidió que experimentara un lento proceso de declive hasta la declaración de estado ruinoso en 1897 y su parcial demolición. Salvo algunos elementos conservados del pasado, el templo se reconstruyó y se inauguró en 1913.

La catedral es de estilo neogótico, con bóvedas de crucería, salvo la fachada principal, que se conserva tal como se construyó en 1820, según los planos del arquitecto Ventura Rodríguez. Sin embargo, el interior alberga un patrimonio artístico más antiguo y de gran interés, formado por piezas de épocas anteriores que se han incorporado a la edificación moderna. Cabe señalar el gran retablo barroco de la primera mitad del siglo XVIII, llamado de Los Remedios, que posee siete magníficas tablas de Hendrick van Balen, maestro de Van Dyck, y que formaban parte de un anterior retablo de finales del XVI.

Es también destacable el retablo del Señor de la Columna, de estilo neoclásico. Son igualmente dignos de atención el coro neoclásico, del XIX, del maestro Domingo Pérez, el tabernáculo de la capilla mayor, de 1795, perteneciente a José Luján Pérez, y el púlpito de mármol de 1762, obra del genovés Pasquale Bocciardo.

Entre la obra pictórica destacan la *Santa Cena*, de Juan de Miranda, y *Las Ánimas del Purgatorio*, de Cristóbal Hernández de Quintana. Mayor representación tiene la escultura, donde sobresale la magnífica talla de la Virgen de los Remedios, de principios del XVI, en madera policromada y que es la primera obra de arte sacro de la isla. Están, además, el Cristo atado a la Columna, del siglo XVIII y perteneciente a la escuela genovesa, Nuestra Señora de los Dolores, del mismo siglo y tallada por Carmona, y Nuestra Señora de la Luz, de Juan Bautista Vázquez el Viejo, escultor del siglo XVI que inició la escuela sevillana.

Al lado, la catedral de Nuestra Señora de los Remedios, en la plaza de Fray Albino, declarada Bien de Interés Cultural en 1983. A la derecha, la iglesia de la Concepción, comenzada a construir en 1496 y designada sede parroquial en 1511. La torre es su elemento más característico.

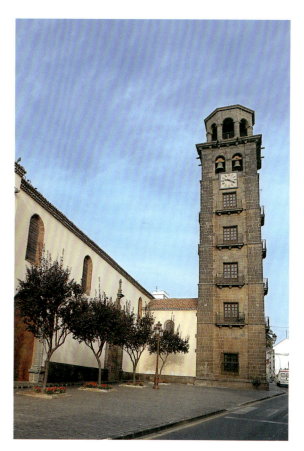

Tras la visita a este templo habría que continuar, por seguir el hilo histórico, con la iglesia de la Concepción. Se trata de la primera parroquia de la isla y fue el origen de todas las restantes. En 1496, el adelantado Fernández de Lugo ordenó comenzar la construcción del templo tras celebrar la festividad del Corpus por vez primera, aunque las obras no han cesado a lo largo de los siglos, y se han llevado a cabo numerosas ampliaciones y remodelaciones desde que se pusiera la primera piedra. No obstante, las reformas más importantes se realizaron en el siglo XVIII bajo las órdenes del arquitecto Diego Nicolás Eduardo, y en 1974, después de que en la década de 1960 se produjera un hundimiento parcial.

La iglesia consta de tres naves, con artesonado mudéjar y arcos de medio punto. La torre actual data de 1697, año en que sustituyó a la anterior. En el interior cabe resaltar el magnífico púlpito de madera, en estilo barroco, de un autor anónimo de finales del XVIII. La pila bautismal, que según los relatos históricos sirvió para bautizar a los primeros guanches por orden del adelantado, es una pieza de cerámica sevillana del siglo XV. La obra pictórica está representada, entre otras, por el *San Juan Evangelista* de Ramírez, del XVII, y el *Cuadro de las Ánimas*, de Cristóbal Hernández de Quintana, de finales del mismo siglo. En la escultura cabe destacar la imagen de la Predilecta o la Dolorosa, como también es conocida, de José Luján Pérez; el Cristo del Rescate, de finales del XVI en estilo gótico tardío, La Piedad de Lázaro González, del XVII, o el San José del mismo siglo y perteneciente a la escuela genovesa. Se conservan además valiosas piezas de orfebrería, como la Gran Custodia del marqués de Bajamar y la del Corpus.

Los orígenes de la iglesia de la Concepción de Tenerife se remontan a 1511, aunque el hundimiento de sus naves dio lugar a su reedificación en 1974. Mantiene la factura característica de los templos canarios de tres naves, airosos arcos de medio punto y artesonado de estilo mudéjar.

Es extraordinario el patrimonio arquitectónico que conserva el casco antiguo de La Laguna en un espacio relativamente reducido. Son más de 400 edificios históricos entre los que destaca, como símbolo más representativo de la población, la iglesia de la Concepción con su gallarda torre.

Otros monumentos religiosos

El convento de Santa Catalina se inauguró en 1611 y pertenece a la orden dominicana de monjas de clausura. Todos los años, el día 15 de febrero, se muestra el cuerpo incorrupto de la sierva de Dios sor María de Jesús de León Delgado (1643-1731). Se asienta sobre la antigua casa de los Adelantados, que se trasladó a otro edificio. Guarda la imagen de Santa Rosa de Lima, obra de Rodríguez de la Oliva, y dos retablos barrocos, situados en sendas capillas, así como un expositor repujado de plata.

El convento de Santa Clara pertenece a la orden de los franciscanos y data del año 1575. Su iglesia, consagrada a San Juan Bautista, presenta en su interior un artesonado mudéjar de gran belleza y posee varias obras de arte, entre ellas las imágenes de La Dolorosa, San Juan y la Magdalena, que se trajeron al templo desde las colonias americanas, así como el grupo escultórico del Señor del Huerto, obra de Luján Pérez, y algunas pinturas, como los dos cuadros de Juan de Miranda.

Erigido en 1575, el convento de clausura de Santa Clara de La Laguna resultó muy dañado en 1697 tras un incendio y fue reconstruido. La fábrica exterior exhibe blancos muros de mampostería de sobria factura y ornamentación.

La iglesia de Santo Domingo de Guzmán muestra actualmente el aspecto que recibió en el siglo XVII, si bien la puerta, en estilo plateresco, es anterior, del XVI. Consta de dos naves y posee unos hermosos artesonados mudéjares. Tiene interés histórico la pila bautismal donde se bautizó al fundador de la ciudad brasileña de São Paulo, el beato José de Anchieta, cuya partida de nacimiento se conserva en esta iglesia. Hay también aquí varias obras de imaginería y orfebrería, como el Señor Difunto, del siglo XVI, el Señor de la Humildad y Paciencia, del XVII, o la Inmaculada, del XVIII, así como la Gran Custodia del escultor Rodríguez de la Oliva, que se considera una de las más valiosas de cuantas se han realizado en las islas.

La iglesia del hospital de Nuestra Señora de los Dolores consta de una sola nave y tiene una portada del siglo XVII, pero la mayor parte del edificio data del XVIII. En su interior destaca una tabla de Cristo Crucificado con la Virgen y san Sebastián a los lados, que se cuenta entre las más antiguas llegadas a la isla. Cabe reseñar también los lienzos *El sueño de san José*, de Cristóbal Hernández de Quintana, y un *Ecce Homo* de la escuela canaria, así como un par de notables imágenes de Antonio Maragliano.

El santuario del Cristo se construyó en 1810, después de que un devastador incendio destruyera el convento franciscano de San Miguel de las Victorias, de 1506. Se levanta en el mismo lu-

Restaurada por el Ayuntamiento en 1991, la ermita de San Roque, del siglo XVI, está dedicada al copatrono de la ciudad, nombrado abogado y defensor en la lucha contra la peste.

El Cristo de La Laguna, una imagen muy venerada, se encuentra en el santuario del Cristo. Se saca en procesión dos veces al año: una durante las fiestas mayores (14 de septiembre) y la otra en la madrugada del Viernes Santo.

gar y en su interior se conserva la imagen del Cristo de La Laguna, que se salvó del desastre y es una de las más veneradas de la isla. Se trata de una talla de mediados del siglo XV, de estilo gótico, que el adelantado Fernández de Lugo trajo en 1520, donada por los duques de Medina Sidonia. Otras obras destacables son una imagen de la Dolorosa y otra de San Francisco de Asís, y varias piezas de orfebrería. En el santuario se celebran dos procesiones al año en las que se pasea la imagen del Cristo, una durante la madrugada del Viernes Santo y la otra el 14 de septiembre, cuando se celebran las fiestas mayores de la ciudad.

Entre las ermitas que pueden visitarse está la de San Miguel, en la plaza del Adelantado. Data del año 1506 pero en la actualidad es un centro cultural donde se celebran conferencias y exposiciones. Hasta 1526 sirvió de lugar de reunión del Cabildo, hasta su traslado a otras dependen-

Los habitantes de San Cristóbal de La Laguna sienten un afecto especial por el hotel Agüere, un establecimiento hotelero que presta sus servicios desde el año 1885, cuando Benjamin Penshaw convirtió en alojamiento la casa de Torrehermosa. Construida a partir de 1736 por un militar, el capitán Cesáreo de las Torres, esta mansión de tres plantas presenta una fachada que sigue las líneas habituales en la arquitectura lagunera del siglo XVIII. Como suele ocurrir en las casas de tradición canaria, resultan particularmente sobresalientes sus elementos de madera, en este caso los remates curvados. Muy hermosos son también los vanos, así como los pequeños huecos que se abren en la última planta. Los interiores han sido objeto de profundas reformas, para adecuarlos a sus funciones como establecimiento hotelero.

cias. La ermita de San Cristóbal de La Laguna se construyó a comienzos del siglo XVI pero ha sufrido diversas remodelaciones hasta adquirir su aspecto actual. En su interior se guarda la imagen del patrón de la ciudad. La ermita de San Benito Abad, por último, se construyó a mediados del siglo XVI pero se remodeló por completo en la primera mitad del siglo XVII. Tiene una sola nave y el artesonado es mudéjar. El primer domingo de julio se celebra aquí la romería de San Benito, una de las principales de Canarias.

Monumentos civiles

El Ayuntamiento es un edificio del siglo XVI que desde entonces ha experimentado notables cambios, entre los que destacan las obras de la fachada, realizadas en 1822 bajo la dirección de Juan Nepomuceno Conejo, y se considera uno de los principales ejemplos de la arquitectura civil canaria en estilo neoclásico. En una de las fachadas del edificio, la de la calle La Carrera, se halla la portada de la antigua casa del Corregidor. Es notable el artesonado mudéjar del salón de sesiones.

El palacio conserva también varios recuerdos históricos de gran importancia, como el estandarte que Alonso Fernández de Lugo llevó durante la conquista de Tenerife, la Real Cédula de 1510 por la que La Laguna recibe el título de Villa y el escudo de armas de la isla, que también lo es de la ciudad. Cabe destacar asimismo el Archivo Histórico, considerado uno de los más completos de las Canarias.

Fachada del Ayuntamiento de La Laguna, de estilo neoclásico. Está revestida con cantería azul, y tiene cinco arcos en la planta baja y otras tantas ventanas acristaladas en la superior, donde está la sala de sesiones.

La Laguna es una de las primeras ciudades hispanas cuya ordenación arquitectónica se hizo de forma planificada conforme a un proyecto riguroso que definía el espacio urbano y cuyo trazado se ha conservado intacto hasta nuestros días.

Fachada de la antigua casa del Corregidor, finalizada en 1545, con la cantería roja típica del plateresco de Canarias. Actual sede de seguras dependencias municipales, fue en su tiempo residencia de los corregidores y luego del obispo de la ciudad.

Anexa se encuentra la casa del Corregidor, cuya construcción finalizó en el año 1545, con una excelente portada plateresca. Fue inicialmente la residencia de los corregidores, de donde procede su nombre, más tarde se alojó allí el obispo de la ciudad, y en tiempos más recientes se convirtió en sede de varias dependencias municipales.

La casa de los Alvarado-Bracamonte la construyó en el primer tercio del siglo XVII el capital general Diego de Alvarado-Bracamonte y en ella residieron varios de los capitanes generales de las islas a lo largo del siglo XVIII, de ahí que se la conozca popularmente con el nombre de casa de los Capitanes. Es un edificio característico de la arquitectura civil canaria, con un hermoso patio en su interior. Descuella en particular la fachada, con vanos enmarcados en cantería roja que se distribuyen por el lienzo de manera asimétrica. La portada, también de toba roja, incluye en su zona inferior la puerta de entrada, ceñida por pilastras almohadilladas, y luce en su zona superior un balcón con frontón partido. El edificio aloja las dependencias del Centro Internacional para la Conservación del Patrimonio y la sede del Museo de la Ciudad de La Laguna.

Un palacete notable es el de los Rodríguez Azero, en la calle Nava y Grimón, construido en 1899 en un estilo ecléctico que incorpora diversos elementos decorativos muy del gusto del modernismo, estilo que guarda relación con el generoso empleo del hierro y de grandes cristaleras en algunos balcones. El jardín esquinero, cerrado por una reja de hierro decorada, es accesible tanto desde el exterior como desde el interior del edificio.

El palacio de Nava es un singular edificio que mezcla en su fachada un estilo mixto con elementos barrocos, neoclásicos y manieristas. Comenzó a construirse en 1585 y se finalizó en 1776, bajo las órdenes de Tomás de Nava y Grimón. Ese largo período de obras y reformas es la razón por la que podemos encontrar tendencias tan diversas. Durante el período de la Ilustración, el palacio sirvió de lugar de reunión de la Tertulia de Nava, que ejerció una gran influencia en su época.

Para finalizar este breve recorrido por algunas de las construcciones civiles de interés, que se recogen en el amplio catálogo de la ciudad, cabe mencionar también la casa Montañés, del año 1746, sede del Consejo Consultivo de Canarias. Situado en la calle San Agustín, este magnífico ejemplar de la arquitectura civil canaria del siglo XVIII lleva el nombre de la familia que la mandó construir. Su promotor, en concreto, fue el sargento mayor de caballería Francisco Gabriel Montañés del Castillo. El edificio se hallaba muy deteriorado cuando en 1985 lo adquirió el gobierno de la Comunidad Autónoma de Canarias, que procedió de inmediato a su restauración.

Palacio de Nava, Bien de Interés Cultural desde 1976. Con la fachada cubierta por cantería azul, sus variados estilos son fruto de los casi dos siglos que tardó su construcción.

En consonancia con el modelo tradicional canario, el inmueble presenta dos patios con una excelente carpintería de tea en sus galerías y vanos. Traspasada la puerta principal, que luce en su dintel el escudo de los Montañés, a través de un zaguán se llega al patio principal, en cuyos flancos se encuentran las estancias más espaciosas, las que en su momento constituían los aposentos de la familia. El área de servicio se ubicaba en la parte posterior de la vivienda, alrededor del segundo patio. Tras la restauración han recobrado su antiguo esplendor no sólo el edificio, sino también las lámparas, espejos, consolas y otros muebles que lo adornan. Lo mismo cabe decir de las pinturas, entre ellas las que ornamentan la escalera principal y las que llevan la firma del artista del siglo XIX Marcelino Oraá y Cólogan.

Una visita a los museos

Muchos de los numerosos edificios históricos de La Laguna se han habilitado como centros culturales, dependencias oficiales y museos. Esto es lo que sucede con la casa de Osuna, construida a mediados del siglo XVII y que es hoy la sede del Instituto de Estudios Canarios. En su archivo se conservan numerosos documentos de gran interés histórico, como los relativos al beato José de Anchieta, jesuita nacido en esta ciudad y que durante el siglo XVI evangelizó en Brasil, fundando allí la ciudad de São Paulo. También pervive su casa natal, ubicada en la plaza del Adelantado y provista de una placa con una inscripción que da fe de la efeméride. El edificio actual es fruto de una remodelación muy profunda que se llevó a cabo durante el siglo XIX, al que pertenece la fachada principal, de líneas muy clásicas. La zona más antigua se corresponde con la fachada lateral, que da al callejón de las Quinteras.

El patrimonio arquitectónico de La Laguna incluye importantes mansiones erigidas en los siglos XVII y XVIII, magníficos testimonios del pasado señorial de la ciudad.

La casa Lercaro, en la calle San Agustín, es hoy la sede del Museo de Historia de Tenerife, abierto al público todos los días de la semana excepto los lunes. Es un magnífico edificio que comenzó a construirse por el año 1593. La fachada lleva el escudo de armas del primer teniente gene-

La casa Lercaro, edificio del siglo XVI, alberga el Museo de Historia de Tenerife y el Archivo Insular. Cuenta con once salas que cubren toda la historia de la isla.

ral que la habitó y tiene el cuerpo central de cantería. Destaca el patio central del interior, con las excelentes tallas de madera del piso superior, y los paneles con motivos vegetales, también de madera, del corredor. El museo comprende once salas que nos permiten rememorar la historia del archipiélago, mereciendo particular interés la magnífica cartografía del siglo XV.

El Museo de Antropología de Tenerife tiene su sede en la casa de los Carta, en el valle de Guerra. Ya se ha hablado con anterioridad de esta familia, que fue la más influyente de Santa Cruz de Tenerife durante el siglo XVIII. El patriarca de la saga fue Matías Rodríguez Carta, nacido en Santa Cruz de La Palma en 1675, y que después de contraer matrimonio a los 21 años de edad, trasladó su residencia a Santa Cruz de Tenerife, de donde ya no se movió. Este prohombre amasó una inmensa fortuna gracias al comercio con el Nuevo Mundo, y en lo sucesivo, los Carta se convirtieron en personajes fundamentales de la vida económica y social de la isla, en la que ejercieron de generosos mecenas.

La casa que aloja el Museo de Antropología la compraron a los Guerra, familia que dio nombre al valle donde se encuentra el edificio, el 14 de febrero de 1726. En su día, fue una casa tradicional canaria, con muros encalados, techos y vanos de mampostería y tejado de teja curva. Después de numerosas ampliaciones y remodelaciones, presenta dos patios que distribuyen el resto de las estancias. Pese a ser un inmueble muy hermoso y de gran valor histórico, sus dependencias resultan limitadas para albergar los fondos del museo, orientado a conservar y difundir la cultura popular canaria, de la que esta casa constituye un magnífico exponente.

Uno de los elementos más característicos de la arquitectura canaria tradicional son los balcones de madera. En ellos se despliega toda la fantasía y el decorativismo de los artesanos, de modo que el balcón, además de su función práctica, se convierte en símbolo de ostentación y riqueza del propietario la casa.

El instituto de enseñanza secundaria (IES) Canarias Cabrera Pinto, también en la calle San Agustín, se fundó tras la desamortización en un antiguo convento de frailes agustinos, construido en 1560. En esta institución docente cursaron estudios personalidades como Benito Pérez Galdós, Tomás Morales y Blas Cabrera Felipe. Aquí se conservan colecciones científicas de gran interés y excelentes obras de arte.

Sin salir de esta misma calle puede visitarse también la casa de los Jesuitas, que comenzó a construirse en 1733. La orden se estableció allí cuatro años más tarde, pero tuvo que abandonarla en 1767, con motivo de su expulsión de la isla. Se instaló entonces en el inmueble la Universidad de San Fernando, que contaba con una facultad, la de Derecho, y que más tarde amplió sus enseñanzas. Convertido más tarde en sede de la Real Sociedad Económica de Amigos del País, el edificio cuenta con una magnífica biblioteca y un archivo con importantes fondos documentales.

Un soberbio ejemplo del barroco canario es la casa Salazar de La Laguna, que muestra una imponente fachada ornamentada con singular decoración a base de gárgolas y un remate central con el escudo en mármol de la noble familia.

Para acabar el recorrido por estos centros culturales puede visitarse el Palacio Episcopal o casa Salazar, situado igualmente en la calle San Agustín. Comenzó a construirse en 1664 como residencia de los condes del Valle de Salazar y se considera una de las mejores obras de arquitectura civil del archipiélago. Es de estilo barroco, aunque matizado, pues muestra líneas bastante sobrias. Con la creación del obispado, en el siglo XIX, sirvió de residencia de los obispos. Posee un amplio patio con galerías provistas de columnas y alberga una buena colección de obras pictóricas y escultóricas.

Un carácter totalmente distinto tiene el Museo de la Ciencia y el Cosmos, creado en 1993 por iniciativa del Cabildo de Tenerife y el Instituto de Astrofísica de Canarias. Como suele ocurrir con los museos científicos, también éste presenta unas características muy cambiantes. Las instalaciones y las exposiciones monográficas se renuevan periódicamente, pero se mantiene el carácter experimental y el objetivo de divulgar con un lenguaje sencillo las leyes que rigen el funcionamiento de la naturaleza, bien sea aplicadas al funcionamiento del cuerpo humano o al descubrimiento del universo. Al ser un centro en el que la participación de los visitantes constituye un elemento fundamental, se dice de él que se encuentra a medio camino entre un museo tradicional y un parque temático.

Puerto de la Cruz

Con un puerto que llegó a ser el principal de la isla de Tenerife, la ciudad de Puerto de la Cruz se convirtió, con el correr de los años, en un gran centro turístico cuyas bondades fueron descubiertas por visitantes ingleses que, por razones de salud, necesitaban un clima benigno. La ciudad, situada en la fachada norte de la isla, cuenta con más de 30.000 habitantes y debe su prosperidad a la construcción del puerto en el año 1706, después de que una erupción volcánica destruyera el anterior, que había sido el centro de la actividad económica de la isla.

Los primeros turistas que llegaron a Tenerife, a finales del siglo XIX, se asentaron en esta localidad y fueron ingleses que acudían al suave clima canario para recuperarse de diversas enfermedades. El centro de la actividad ciudadana está en la plaza del Charco, que tiene su origen al parecer en el siglo XVIII, en un lugar hasta donde llegaba el agua del mar y formaba un somero encharcamiento. A su alrededor se levantan algunos de los edificios más característicos.

Abajo, uno de los atractivos de la localidad tinerfeña de Puerto de la Cruz es la vibrante vida nocturna, con una numerosa oferta de restaurantes, discotecas y locales de copas. A la derecha, vista general de Puerto de la Cruz. La ciudad, principal núcleo turístico del norte de la isla de Tenerife, se levanta en la costa del valle de la Orotava, al pie del volcán Teide.

Tras la playa y el sol, el Jardín Botánico ofrece el contraste de su fresca sombra. Data de 1788, y en él el visitante puede encontrar más de mil especies, procedentes de los cinco continentes, a las que ha beneficiado el saludable clima del lugar.

Entre los muchos puntos de interés reciente de la ciudad se cuenta el complejo de ocio Lago Martiánez, obra del artista canario César Manrique. Es un conjunto formado por una serie de piscinas naturales, rodeadas de fuentes y de palmeras, que sirven como contrapunto de la escasez de playas en las proximidades. A raíz de la restauración del conjunto llevada a cabo en 2006, la antigua sala Andrómeda ha pasado a ser la sede del Casino de Puerto de la Cruz, que funcionaba anteriormente en el hotel Taoro.

Resulta asimismo muy interesante el Jardín Botánico, fundado en 1788 por decisión del rey Carlos III, con la idea de que se aclimataran en él las plantas tropicales que sus jardineros enviaban de América, para poder trasplantarlas después a los jardines reales de Madrid y de Aranjuez. Fue el segundo jardín botánico de España, creado poco después del de Madrid, creado igualmente por iniciativa del monarca ilustrado. Una vez promulgado el decreto fundacional, se hizo cargo del proyecto Alonso de Nava y Grimón, marqués de Villanueva del Prado, que se ocupó de buscar el emplazamiento más adecuado y encargó el proyecto al arquitecto Diego Nicholas Eduardo. En 1792 se sembraron las primeras 34 plántulas, y el jardín llegó a convertirse en un edén de plantas tropicales y subtropicales, muy valiosas algunas de ellas por su valor económico u ornamental. La superficie expositiva, de 20.000 m^2, está recorrida por dos caminos principales que se cruzan en el centro y de los que parten una serie de pequeños senderos que permiten acceder a todos los rincones del jardín, poblado por ejemplares de más de un millar de especies distintas procedentes de todo el mundo. Además, la institución mantiene un herbario con más de 30.000 especies, centrado en especial en la flora canaria.

Complejo turístico municipal Costa Martiánez, proyectado por César Manrique. Éste aprovechó piscinas naturales para construir, usando agua de mar, un lago artificial.

Con una vocación menos científica y una visión más inclinada hacia el concepto de parque de atracciones nació, en 1970, el Loro Parque, una institución privada que pretende compaginar el ocio y la diversión con la educación ambiental y la conservación de especies amenazadas. En sus 13 hectáreas de extensión conviven un zoológico y una gran variedad de plantas tropicales, que incluye más de 2.000 palmeras de diverso origen, así como una excelente colección de orquídeas. Además de papagayos, de los que cuenta con la mayor colección del mundo, en el zoológico viven delfines, lobos marinos, orcas, iguanas, tortugas, caimanes, panteras, gorilas, chimpancés y tigres, entre otras especies. En el acuario viven multitud de peces y su pingüinario es el mayor del mundo.

La ruta de los monumentos

La ciudad, en su conjunto, conserva una porción central que recuerda el pueblo marinero que dio origen a la urbe, y una gran extensión de edificaciones turísticas que la han convertido en uno de los principales centros de la isla, que acoge a miles de visitantes cada año.

El Jardín Sitio Litre alberga una magnífica colección de plantas tropicales y subtropicales. La historia de este jardín, el más antiguo de Tenerife, se remonta al siglo XVIII y debe su nombre a Archibald Little, su primer propietario, que después de adquirir la finca, convirtió la mansión de 1730 en una elegante fonda y diseñó un jardín inglés en el que hizo plantar especies canarias y tropicales. En el llamado por entonces Little's Place, que con el tiempo derivó en Sitio Litre, se hospedaron desde sus inicios multitud de personalidades: desde Alexander von Humboldt y William Wilde hasta Agatha Christie. En 1996, el propietario de la finca la vendió a John Lucas, quien la abrió al público. Hermoso ejemplar de la arquitectura colonial, la mansión del Sitio Litre incorpora algunos elementos propios de la arquitectura canaria, así como un mirador hexagonal de estilo inglés.

Para los interesados en la arqueología y la historia en general, en los alrededores de este núcleo central se encuentran diversos restos de gran interés, como la necrópolis de Martiánez, excavada en un acantilado próximo al puerto, y las cuevas de Malpaís y María Jiménez, que servían de lugar de enterramiento a los primitivos pobladores de la isla.

Un largo paseo bien planificado nos permitirá visitar los principales monumentos de la ciudad. El recorrido se puede iniciar en la plaza de los Reyes Católicos, donde se eleva el monumento a Francisco de Miranda, un hijo de la ciudad que participó en la lucha por la independencia de Venezuela. Lo primero que se encuentra después es la ermita de San Telmo, dedicada al patrón de los marineros y construida en 1870. En el mes de julio se celebra todos los años la fiesta mayor, en el curso de la cual sale una procesión desde el templo con la imagen del santo, que data de finales del XVIII, hasta la playa de San Telmo.

En esa playa da comienzo la calle de Santo Domingo, que conduce al Ayuntamiento, edificio construido en 1973. Enfrente se encuentra la plaza de Europa, que se abre al mar y tiene forma de fortaleza, con un paseo superior adornado con una empalizada y donde se exponen seis cañones de los siglos XVIII y XIX. En uno de los lados de la plaza se alza la casa de Miranda, un edificio característico del estilo arquitectónico canario.

Fundada en 1870, la encalada ermita de San Telmo, en Puerto de la Cruz, está dedicada a san Pedro González Telmo, patrón de los marineros. En el interior alberga una imagen del santo dominico del siglo XVIII.

En este punto comienza una de las zonas más pintorescas de la ciudad, el área peatonal de la calle de Las Lonjas, que mantiene todavía el adoquinado original que no sólo recubría esta calle sino también las restantes antes de que la capa de asfalto cubriera la mayoría de ellas. Por esta vía se llega hasta la casa de la Real Aduana, fundada en 1620. Hasta 1833 fue la residencia de los administradores de Hacienda, que se trasladaron después a la actual capital de la isla. El edificio albergaba también las dependencias de la Aduana y a su lado se encuentran los restos de la batería de Santa Bárbara, que estaba encargada de la defensa del puerto.

Aquí se inicia el barrio marinero de La Ranilla donde, en una mansión del siglo XIX, se aloja el Museo Arqueológico, fundado en 1953 y remodelado en 1991. En sus salas se exponen cerámicas, utensilios y momias guanches, así como mapas del siglo XVII y otras piezas de interés. Se celebran aquí con regularidad exposiciones temporales con temáticas de distintos géneros.

Subiendo hacia el interior se llega hasta una de las zonas mejor preservadas de la arquitectura del XVIII, donde destaca el torreón de Ventoso, un esbelto edificio de los pocos de este tipo que se conservan en la actualidad. Un poco más adelante aparece la iglesia de San Francisco y ermita de San Juan, uno de los edificios más antiguos de la ciudad, construido en 1599. Conserva en su interior un importante patrimonio artístico, con obras que abarcan desde el siglo XV hasta la actualidad. En nuestros días se celebran aquí servicios religiosos de las distintas confesiones cristianas de los residentes en la isla.

Abajo, típicas balconadas labradas en madera del Puerto de la Cruz, bellas muestras de la arquitectura tradicional canaria. A la derecha, el campanario de la iglesia más importante de la ciudad, el templo de Nuestra Señora de la Peña de Francia, construido a finales del siglo XVII.

Por último, vale la pena visitar la iglesia de Nuestra Señora de la Peña de Francia. Su origen se remonta a una pequeña ermita construida en el año 1620 y ampliada más tarde, en 1684, para convertirla en iglesia. Las obras culminaron en 1898 con la construcción de la torre. Destacan en su interior el púlpito y la imagen del Señor del Gran Poder de Dios, de los siglos XVII-XVIII. Hay también una capilla dedicada a san Patricio, construida por las familias irlandesas que se asentaron en la ciudad, y en el retablo mayor se encuentra una imagen de Nuestra Señora de la Peña de Francia, la patrona de Puerto de la Cruz.

Gastronomía portuense

Una amplia red de restaurantes especializados en la cocina tradicional permiten conocer los más exquisitos platos y pescados de la zona, como las costillas con piña, las viejas fritas con mojo verde, las papas con mojo y una repostería tan variada como sabrosa, en la que destacan los laguneros, rosquetes de milhojas rellenos de cabello de ángel, y frangollo, un postre a base de harina de mijo con pasas, almendras y miel, muy típico en los barrios del cinturón de la ciudad. Todo ello regado con vino tinto y rosado de gran calidad producido en la comarca nordeste, con la denominación de origen Tacoronte-Acentejo.

Viñas de Tacoronte. Con sus uvas se obtiene un excelente vino que ha sido merecedor de la denominación de origen.

La Orotava, una villa histórica

Como suspendida en el tiempo de la conquista, pero a la vez totalmente contemporánea, La Orotava aprovecha la benignidad de su clima y la fertilidad de las tierras volcánicas para amalgamar agricultura y turismo, en un marco de alta calidad de vida.

Esta ciudad de más de 40.000 habitantes, situada en el valle del mismo nombre y con excelentes vistas hacia el Teide, es visita obligada para quien recorra y quiere conocer la isla tinerfeña. Se caracteriza por su estilo señorial y monumental, con antiguas mansiones alrededor de hermosas plazas. Su magnificencia le ha valido ser declarada monumento de interés histórico-artístico nacional. Es, además, punto de partida para varias rutas turísticas, entre ellas las que conducen hasta el parque nacional de las Cañadas del Teide.

El valle es famoso por los cultivos de plátanos y por sus vides, de las que se obtienen excelentes vinos, pero en él se encuentran también numerosos restos arqueológicos que hablan de la importancia como centro de población que tuvo La Orotava durante el período prehispánico.

La hermosa plaza del Ayuntamiento de la localidad tinerfeña de La Orotava acoge cada año una espectacular alfombra realizada con arenas volcánicas, elemento central en la celebración de las fiestas del Corpus Christi.

Vista de La Orotava. La pequeña y señorial ciudad, visita obligada en la isla de Tenerife, es cabecera del rico valle del mismo nombre.

Entre los principales yacimientos que pueden visitarse se cuentan los de la Playa del Bollullo, del Monte de Pinolere o Tigayga, así como las cuevas sepulcrales de Roque Blanco o del Barranco de la Arena.

El Museo Etnográfico de Pinolere, en el parque del mismo nombre, recrea en una superficie de unos 3.000 m² el paisaje tradicional de la zona (sus eras, casas, corrales, pajares, huertos, etc.) e integra el Museo de Cestería Canaria y el Museo de Historia de Pinolere, que como su nombre indica repasa el devenir de las comunidades del entorno de este monte. El Museo de Cestería, aborda esta actividad a través de una exposición didáctica de los materiales empleados, las herramientas, las tipologías, los usos, etc.

La Orotava recibió en la época prehispánica el nombre de Araotava o Arautapala, y formaba parte del reino guanche de Taoro. Según cuentan numerosos relatos, el mencey Bencomo vivió en las cuevas del Barranco de los Pinos. Lo cierto es que fue aquí donde tuvo lugar la batalla que con la derrota de este rey puso fin al período guanche y dio paso a la colonización definitiva de las islas.

En 1506, el adelantado comenzó a repartir tierras en este valle, y en ellas se asentaron los primeros colonos, que con sus construcciones plantaron las raíces de la villa. Ésta dependía de La Laguna, con un alcalde pedáneo. A partir de entonces empezó la construcción de muchos de los edificios que configuran hoy el casco histórico.

En 1848, Felipe IV otorgó a La Orotava el título de Villa Exenta, lo cual permitió nombrar un alcalde independiente del de La Laguna, y años más tarde, en 1841, la iglesia de San Juan del Farrobo se convirtió en parroquia, accediendo así la villa a la autonomía en cuanto a la administración religiosa.

Arquitectura religiosa

La visita al casco antiguo puede comenzar por la que se considera como la mejor muestra del barroco canario, la iglesia de la Concepción. Se construyó a partir de una pequeña capilla del año 1516, que fue ampliándose hasta adoptar las dimensiones que hoy presenta. No obstante, su aspecto actual es distinto, puesto que en los años 1704 y 1705 las erupciones del volcán Güímar provocaron graves daños que condujeron a su práctica ruina en 1758.

Sin embargo, en 1768 comenzó su reconstrucción, acabándose las obras veinte años después. Tiene grandes torres campanario, de 24 metros de altura, y un magnífico cimborrio de 16 caras con ocho ventanales, lo que le hace parecer octogonal. Sobre él surge la cúpula, que finaliza en una linterna neoclásica. La fachada consta de tres paramentos, con la portada en el central, y una rica decoración de cantería.

El interior de la iglesia lo forman tres naves, con columnas jónicas y capiteles corintios. Uno de los más relevantes tabernáculos del archipiélago, obra en mármol del artista genovés Giuseppe Gaggini datada en 1823, preside la capilla mayor. También del taller de este artista procede el

Magnífica muestra del barroco canario, la iglesia de la Concepción de La Orotava destaca por la espléndida fachada, bellamente ornamentada y flanqueada por dos torres de 24 metros de altura.

Desde cualquier punto de La Orotava se puede admirar la espectacular cúpula de la iglesia de Nuestra Señora de la Concepción, erigida sobre un gran tambor y terminada en remate por una linterna de estilo neoclásico.

púlpito, asimismo de mármol. La iglesia tiene seis retablos, de los que destaca por su calidad el de la Concepción. Hay varios óleos dignos de atención, como el *Entierro de Cristo* y el *Ecce Homo*, ambos de Cristóbal Ramírez, del siglo XVI. Entre las obras escultóricas destacan el San Juan Evangelista de Luján Pérez y el San Pedro Apóstol de Fernando Estévez. El museo parroquial alberga una extensa colección de orfebrería.

Una importante obra arquitectónica, a la que se llegó a calificar como el «Escorial de las Canarias», desapareció en 1801 después de un voraz incendio. Se trata del antiguo convento franciscano de San Lorenzo, de cuya iglesia, la de San Francisco, sólo quedan el pórtico y la escalera que conducía a las estancias de clausura. Las obras de arte que albergaba se conservan distribuidas en distintos templos de la ciudad. Sobre el solar que quedó tras el incendio se levantó en el siglo XIX el hospital de la Santísima Trinidad.

En la plaza de la Constitución de La Orotava se encuentra la iglesia de San Agustín, que perteneció al antiguo convento de Nuestra Señora de Gracia y que comenzó a construirse en 1671, en el mismo lugar donde con anterioridad había estado la ermita de San Roque. Tiene planta basilical y consta de tres naves, donde hay un coro de buena factura y seis retablos barrocos. El exterior presenta una portada de tres cuerpos, con la central claramente barroca. En la actualidad alberga un centro cultural.

Fachada y espadaña en cantería de la iglesia de San Agustín, que perteneció al antiguo convento de Nuestra Señora de Gracia.

Del siglo XVII es el convento de San Benito Abad, de la orden de los dominicos, con la iglesia de Santo Domingo, de estilo barroco con influencias mudéjares. El templo tiene planta de cruz latina y once capillas, que se fueron incorporando a lo largo de los años. En la fachada pueden ver-

Son numerosas las espléndidas construcciones religiosas de La Orotava, destacando en especial la iglesia de Santo Domingo, erigida sobre la antigua ermita de San Benito. Sobresale el perfil del campanario así como el paramento exterior, de sobria factura.

se los símbolos que utilizaba esta orden, el globo terráqueo y el perro con la antorcha. En su interior aloja un coro alto de madera que se cuenta entre los más hermosos de este estilo en todo el archipiélago. Es notable asimismo el óleo sobre madera de la escuela de Amberes del siglo XVI, que representa a la Virgen de la Consolación. El convento alberga en la actualidad el Museo de Artesanía Iberoamericana, cuyas salas exhiben una completa colección de piezas artesanales de América y Filipinas, desde cerámicas y textiles a instrumentos musicales. La exposición muestra al público una parte del rico patrimonio de la institución, que cuenta con más de 7.000 piezas de cerámica popular americana y valiosas telas del siglo XV.

Mucho más moderna es la ermita del Calvario, construida en 1914. Es de estilo neogótico y en ella se encuentran las imágenes de Santa María de la Cabeza y San Isidro, patronos de La Orotava. Aquí se organiza una de las más importantes romerías canarias, la de San Isidro Labrador, que tiene lugar el domingo siguiente a la fiesta del Corpus Christi.

Las casas señoriales

Son muchas las mansiones que se encuentran en La Orotava y que constituyen una excelente representación de la arquitectura civil canaria. La casa Fonseca o de los Balcones, en la calle San Francisco, se construyó alrededor del año 1630 y debe su nombre a los notables balcones corridos que presenta en su exterior. Se cuentan entre los más hermosos que brindan las calles de to-

Abajo, típico balcón de una casa de La Orotava. El hierro forjado, las puertas labradas y las macetas con flores dan a la ciudad un aire colonial que se mantiene con el paso de los años. A la derecha, torre de la iglesia de San Juan, edificada a principios del siglo XVII en la plaza del mismo nombre.

do Tenerife. Son también de magnífica maestría la galería interior y el bello artesonado de las habitaciones. El edificio es de planta rectangular y posee una galería interior y un patio porticado. En la actualidad es un museo y centro comercial de artesanía de propiedad privada. El edificio anexo es idéntico a esta casa y es la sede del Centro de Documentación e Investigación de la Artesanía de España y América.

Frente a estos dos inmuebles se levanta la casa de Molina o casa del Turista, que mandó construir en el año 1590 Francisco de Molina, uno de los primeros hacendados que se estableció en La Orotava. Consta de dos cuerpos, con la portada provista de pilastras a ambos lados y es de estilo bajorrenacentista. Se utiliza para celebrar en un patio exterior exposiciones de artesanía y actos folclóricos. Una de las muestras que pueden verse reúne alfombras de tierra volcánica típicas de La Orotava, un arte efímero pero de gran tradición y valía que nació en torno a la festividad del Corpus Christi.

Un edificio típico de la arquitectura tinerfeña tradicional es la casa de Lercaro, conocida también como la casa de Ponte-Fonte. Es una hermosa mansión de los siglos XVI y XVII, con interesantes balcones de madera profusamente decorados. En el interior puede verse la Adoración de los Pastores, un grupo escultórico de la escuela genovesa que data del siglo XVII. Otro edificio del siglo XVII recuperado para nuevos usos es la casa Torrehermosa, donde tiene su sede la em-

La Orotava cuenta con un monumental conjunto de residencias construidas por los nobles que ocuparon las tierras del valle tras la conquista. Una de las más famosas es la casa de los Balcones (abajo), cuyo nombre se explica por sí mismo. En su interior (izquierda) tiene un espléndido patio porticado.

Panorámica que muestra los tejados característicos de este tipo de algunas de las antiguas residencias nobiliarias de La Orotava.

presa Artenerife, creada para promover la artesanía de la isla. Además de mostrar en vivo el trabajo de los artesanos, este bonito inmueble ofrece sus productos a los visitantes: bordados, cerámicas, trajes típicos, cestería y calados, labor esta última en la que es el complejo artesanal más importante del archipiélago.

También gira en torno a la artesanía el Museo de Cerámica Tafuriaste, que exhibe alrededor de un millar de piezas de cerámica española y cuenta con talleres propios.

Cerca de la iglesia de la Concepción se levanta la casa Monteverde, del XVII, en estilo bajorrenacentista y con un bello patio interior, provisto de columnas con capiteles corintios. En la calle donde se encuentra esta mansión se inició, allá por el año 1847, la costumbre de elaborar las alfombras de flores que tanto auge tiene en estas islas.

Otros lugares de interés

En el centro de la villa puede visitarse el jardín del Marquesado de la Quinta Roja, o jardín Victoria, con abundante vegetación y donde se encuentra el mausoleo de mármol construido por el arquitecto francés Adolph Coquet en 1882 para albergar los restos de la madre del marqués, aunque nunca llegaron a reposar en él.

También es habitual en la arquitectura tradicional canaria el embellecimiento de las fachadas de las casas con vivos colores y detalles arquitectónicos de elegante factura.

El Ayuntamiento de La Orotava es un edificio de estilo neoclásico construido entre los años 1870 y 1895, que ocupa el lugar donde con anterioridad se situaba el convento de San José, de las monjas clarisas. De éste sólo se conservan unas bóvedas que forman parte del semisótano del edificio. Frente a él se extiende la plaza del Ayuntamiento, donde todos los años, durante las fiestas del Corpus Christi, se elabora un gigantesco tapiz de 870 m^2 de superficie realizado con distintas arenas volcánicas.

Detrás del consistorio está la Hijuela del Botánico, un jardín de 4.000 m^2 que mandó construir el sexto marqués de Villanueva del Prado, que fue diseñado como un complemento al jardín botánico de La Laguna. En la actualidad es un centro de introducción y aclimatación de plantas tropicales y subtropicales, que cuenta con un centenar de especies procedentes de América Central y del Sur, África y Australia.

Resulta muy interesante seguir un recorrido conocido como la ruta de los Molinos. Se trata de una visita por algunos de los antiguos molinos de agua que se construyeron durante los siglos XVII y XVIII. Se conserva en algunos de ellos parte de los canales de mampostería que servían para llevar el agua. Todavía funcionan tres, aunque con electricidad, para fabricar gofio de gran calidad. Uno de ellos es el de la calle Colegio.

Icod de los Vinos

Muy ligada a la conquista de las islas y fiel a antiguas tradiciones, Icod de los Vinos conserva señoriales palacetes, monumentos y, sobre todo, el orgullo por su drago, la excelencia de sus caldos y la hospitalidad que sabe brindar a los visitantes. Esta ciudad, de cerca de 25.000 habitantes, se extiende a los pies del Teide, en cuyas laderas orientadas al norte crecen los pinares. Su fundación se remonta al año 1501, y creció de modo paulatino gracias a la intensa explotación comercial de sus productos agrícolas, representados sobre todo por la vid, los frutales y las plataneras. Es famosa por los excelentes vinos y licores.

Aunque es célebre por acoger el famoso drago milenario, también vale la pena recorrer Icod de los Vinos para admirar las plazas, las casas señoriales y las magníficas muestras de arquitectura religiosa de su espléndido casco histórico.

Cuenta con un casco antiguo que engloba mansiones, palacetes, conventos e iglesias de los distintos estilos que se han ido sucediendo a lo largo de estos siglos. Además, en sus alrededores se encuentran algunos yacimientos, como el del Andén, con numerosos vestigios de los tiempos prehispánicos. La ciudad es también muy conocida por tener el drago más antiguo de cuantos se tiene noticia. Se trata de una especie autóctona *(Dracaena draco)* de gran longevidad, pues se estima que puede vivir varios miles de años. Es muy primitivo, un auténtico fósil viviente, que tiene el aspecto de un cactus gigante de porte arbóreo. Presenta hojas lanceoladas que nacen en gruesas ramas y, si se practica un corte en su tronco, exuda un líquido rojizo, la sangre de drago, al que se atribuyen propiedades curativas y mágicas y que era ya muy apreciado en la antigua Roma. Según la leyenda, cuando los dragones mueren se convierten en un drago. El ejemplar que da fama a la ciudad tiene una altura de 17 metros y un perímetro de 20 metros en su base.

Un rico patrimonio arquitectónico

Además de sus jardines, Icod de los Vinos cuenta con varios edificios de interés histórico y artístico, como la iglesia de San Agustín, del siglo XVI y perteneciente al convento de San Sebastián, de la orden de los agustinos. Conserva de su época original algunos elementos como la arquería y el magnífico artesonado mudéjar de la capilla de La Soledad. Posterior es el tabernáculo de la capilla mayor, de estilo neoclásico. Posee un bonito púlpito, cuatro interesantes tablas en las que están representados los Evangelios y una imagen de la Virgen de Gracia, del siglo XVII. Del convento sólo se conserva la iglesia descrita, pues el resto del solar lo ocupa el Ayuntamiento.

Constituye una apasionante curiosidad natural la cueva del Viento, que ocupa el tercer lugar entre las cuevas volcánicas del mundo por su gran longitud, de más de 18 kilómetros. En un espacio tan inmenso, provisto de varias bocas, las ramificaciones y la diversidad de formaciones geológicas resultan impresionantes. Contiene asimismo una variada fauna, tanto viva como en forma de restos fósiles. En una bahía de la costa norteña se sitúa la playa de San Marcos, de arena negra, junto a un puerto pesquero y diversas instalaciones turísticas. Por ser un fondeadero protegido de los vientos por los acantilados circundantes, este puerto natural se convirtió en refugio de los navegantes desde los tiempos de la conquista de Canarias, y en él se construyeron embarcaciones y fragatas con madera procedente de los cercanos bosques de pinos.

Iglesia de San Marcos, en la plaza de Lorenzo Cáceres. Según una leyenda, los guanches ya adoraban, antes de la conquista, una pequeña talla gótica con la imagen del santo.

El famoso drago milenario de Icod de los Vinos, un árbol de proporciones gigantescas y de singular estampa al que los antiguos guanches dieron un carácter totémico, despierta admiración y asombro.

Algo más antigua y con un rico patrimonio artístico es la iglesia de San Marcos, construida originalmente a finales del siglo XV, pero reformada alrededor de 1570. Posee tres naves y dos capillas, con columnas y arcos de medio punto. Es mudéjar, aunque la portada es renacentista y la torre de estilo gótico francés. Tiene un magnífico retablo mayor, de estilo plateresco, y el coro y otros retablos son barrocos. Entre los trabajos de orfebrería que se guardan en el templo destaca la Cruz de filigrana, en plata, de 2,40 metros de altura y 48 kilos de peso. Se cinceló en La Habana entre los años 1663 y 1665. Esta iglesia se ubica en la plaza Andrés de Lorenzo Cáceres, que adquirió su configuración actual a comienzos del siglo XX, cuando se instalaron en medio del arbolado un quiosco modernista y algunas esculturas dedicadas a personajes ligados a la localidad. El monumento más significativo está dedicado al general José Antonio Pérez, uno de los promotores de la independencia de Venezuela, descendiente de un lugareño de Icod de los Vinos. No lejos de allí se encuentra la antigua mansión del marqués de Santa Lucía.

El convento del Espíritu Santo, de los franciscanos, es un ejemplo magnífico de la arquitectura colonial canaria. Data del siglo XVII y en él destaca la iglesia de San Francisco. Posee un excelente retablo de estilo rococó que incluye una imagen del Cristo de las Aguas, obra de Francisco Alonso de la Raya, del año 1643 que goza de gran aprecio. Como un elemento independiente del convento, aunque relacionado con él, se halla uno de los mejores logros de la arquitectura religiosa del siglo XVIII en la isla, la capilla de Nuestra Señora de los Dolores.

Sencillas fachadas encaladas de Icod de los Vinos, dotadas de grandes balconadas de madera, generalmente pino tea isleño, con amplio vuelo sobre la calle y en ocasiones trabajadas con primor en decorativas celosías.

No lejos del convento está la plaza de la Pila, o plaza de la Constitución, que agrupa a su alrededor un notable conjunto de edificios que hacen del lugar uno de los conjuntos arquitectónicos del período comprendido entre los siglos XVII y XIX más interesantes de todo el archipiélago. Ocupa un lugar sobresaliente la casa-palacio de los Cáceres, que comenzó a construirse en 1802 combinando los estilos mudéjar y neoclásico. A este último pertenece la fachada de tres plantas, mientras que la fuente de piedra data de la primera mitad del XVIII. El edificio alberga hoy la Casa de la Cultura y el Centro de Arte de la ciudad. Desde esta plaza se llega en escasos minutos al antiguo hospital de Los Dolores, de las hermanas de la orden del Buen Consejo. Es un edificio mudéjar con decoración rococó, cuyo patio interior y los corredores proceden del siglo XVII.

Resulta también digna de visitar la ermita de las Angustias, del XVIII, que alberga la imagen de la Virgen homónima, una excelente obra del barroco mexicano. El templo posee también obras interesantes, como un San José de Fernando Estévez y un Cristo de la Columna, de un autor anónimo de la escuela sevillana del siglo XVIII. Son curiosos los numerosos exvotos, entre ellos un cocodrilo disecado, que se guardan aquí, la mayoría donados por antiguos emigrantes.

La Gomera

La Gomera aparece en los antiguos relatos de Plinio y Ptolomeo bajo la denominación de Pluvialia, en clara referencia a su clima húmedo. De perímetro casi circular, se caracteriza por lo abrupto del terreno, surcado por innumerables barrancos que dificultan sobremanera las comu-

La Gomera aparece en los antiguos relatos de Plinio y Ptolomeo bajo la denominación de Pluvialia. De perímetro casi circular, se caracteriza por lo abrupto del terreno, surcado por innumerables barrancos que dificultan sobremanera las comunicaciones entre los distintos puntos.

El pintoresco pueblo de Agulo, en La Gomera, anclado en un anfiteatro basáltico, ofrece al viajero inolvidables paisajes de barrancos, plataneros y cultivos en bancales, y el encanto de la arquitectura canaria de sus calles de piedra y de sus casonas señoriales.

nicaciones entre los distintos puntos. Según las *Crónicas de la conquista de Canarias*, los gomeros se rindieron rápidamente a los recién llegados, al comprender que nunca podrían vencerlos: *«Visto por el dicho Mosiur de Betancurt que no ganaba nada con los canarios por ser muchos y muy esforzados, como está dicho, determinó de recogerse con su gente y así se embarcó con ella para la Gomera y al cabo de tres días de navegación surgió [atracó] en uno de sus puertos donde desembarcó su gente. Es isla pequeña y de muchas aguas y de ganados; llámanse los de esta isla gomeros, es gente disimulada y vengativa; sus armas eran varas tostadas de puntas agudas y eran braceros y certeros, que la piedra que tiraban la escondían en la tapia y cuerpo. Salían a acometer cuando temían por la suya, más visto que los nuestros les llevaban y traían a mal andar, determinaron darse con libertad y fueron todos cristianos y enseñados e instruidos en la santa fe católica. Su vestido, costumbres y sustento era como el de las demás islas que se ha dicho».*

La isla mágica

La dificultad de desplazarse entre puntos cercanos la resolvieron sus pobladores desarrollando un medio de comunicación especial, el silbo. Consiste en un verdadero lenguaje de silbidos con el que son capaces de transmitir noticias y avisos desde una ladera a otra de manera instantánea, sin necesidad de descender o ascender por las empinadas y difíciles paredes. El desarrollo de las telecomunicaciones ha hecho que sean hoy ya muy pocos los que practican esta singularidad, única en el mundo y que sólo se mantiene gracias al turismo, pues se organizan demostraciones de silbo en actos folclóricos.

Isla de una naturaleza impresionante, La Gomera cuenta con enclaves magníficos, como el Monumento Natural del Barranco del Cabrito, al sur de la isla, que engloba el Roque del Sombrero, de 672 metros de altura, y la playa del Cabrito. En el sector nororiental del territorio, el parque natural de Majona es un área de grandes barrancos, con imponentes acantilados y algunos manantiales, donde viven diversos endemismos así como algunas especies amenazadas. Además de pinos, en el área crecen monteverde, cardonales y tabaibas. Igualmente rica en endemismos vegetales es la Reserva Natural Especial de Puntallana, de cerca de 300 hectáreas de superficie, situada al norte de la capital. En ella se encuentra la ermita de Nuestra Señora de Guadalupe, que data de la época de la conquista, así como algunos grabados, necrópolis y concheros de la época aborigen.

Tabaibas, balos, aulagas y agaves sobresalen entre las piedras volcánicas del barranco del Cabrito.

La naturaleza ha dotado a la isla de unas interesantísimas masas forestales relictas, supervivientes de la época terciaria, que aparecen hoy sólo de forma dispersa en algunas de las islas del archipiélago canario y de Madeira, y que en La Gomera se han conservado en un excelente estado. Se trata de la laurisilva, un bosque de laureles de recias hojas, capaces de retener la humedad de las masas de aire procedentes del océano, haciendo que se condensen en forma de agua. Esto hace de la laurisilva un verdadero generador de lluvias y alimenta los numerosos manantiales que descienden desde la cumbre más elevada de la isla, el monte de Garajonay, de 1.487 metros de altura.

En La Gomera existe uno de los bosques más singulares de España, el Parque Nacional de Garajonay. El particular clima húmedo del lugar propicia una espléndida selva en la que destaca el bosque del Cedro, con su fantasmagórico paisaje de troncos cubiertos de musgo y lianas.

Situada a escasos kilómetros del oeste de Tenerife, la isla de La Gomera presenta una seductora variedad paisajística de vegetación exuberante y profundos bosques, radicalmente distinta a la aridez de otras islas canarias de paisaje desértico.

Este antiquísimo bosque, que ocupa cerca del 10 % de la superficie insular, es el elemento dominante en el parque nacional de Garajonay, declarado Patrimonio de la Humanidad por la Unesco en 1986.

Uno de los barrancos más impresionantes es el valle Gran Rey, donde el hombre ha sabido hacer frente a las adversidades orográficas, excavando terrazas en sus laderas y cultivando allí una gran variedad de productos agrícolas. En su extremo, allí donde desemboca en el mar, hay una excelente playa de arenas doradas que agrupa a su alrededor el principal núcleo turístico de la isla. A pesar del aumento del turismo, favorecido por la comunicación mediante aerodeslizador, pues la isla carece de aeropuerto, no se han construido grandes complejos y la tranquilidad sigue siendo la pauta dominante de La Gomera, factor muy valorado por la mayoría de los visitantes. Recorrer la accidentada isla a pie, a través de senderos señalizados, para disfrutar de sus paisajes y de los tesoros naturales que alberga, es la mejor manera de llegar a percibirlos en toda su importancia.

La fortaleza de Chipude

Este yacimiento arqueológico se encuentra en el sector sudoccidental de la isla, a 1.243 metros de altitud. En 1973 se llevaron a cabo los primeros trabajos para sacar a la luz este complejo, formado por una cabaña circular, un redil, una cabaña-redil, una cabaña abrigo y un hogar. Según los investigadores podría haberse construido en el siglo V. Podría tratarse de un refugio temporal de los aborígenes que acudirían a la zona con sus rebaños, aunque es posible que también sirviera para fines políticos o religiosos. Según antiguas crónicas sobre el período prehispánico, podría tratarse del lugar conocido como Argodey.

San Sebastián de la Gomera, la villa de Colón

Vista de San Sebastián de la Gomera, en cuyo puerto recaló Cristóbal Colón antes de cruzar el Atlántico.

Colón, rumbo a América en su primer viaje, hizo escala en San Sebastián de la Gomera. No le falló su olfato marinero. Los años y los siglos confirmaron las excelencias de este puerto, hoy uno de los principales bastiones turísticos de las islas Canarias. Esta pequeña población, de unos 9.000 habitantes, es considerada también «villa colombina» por la presencia de Colón en ella antes de emprender su viaje hacia el Nuevo Continente. Antes de partir, recaló en el puerto y solicitó ayuda a doña María de Bobadilla, que era la viuda del conde de la isla,

Los barrancos de La Gomera descienden, en medio de una compleja vegetación, hacia hermosas playas que permanecen prácticamente vírgenes.

don Hernán Peraza, acérrimo defensor ante los Reyes Católicos de la idea de llevar a cabo ese viaje. Una de las tres naves, en concreto La Pinta, había sufrido algunos daños en el timón, que había que reparar. Una vez solucionado el problema, Colón se aprovisionó de víveres y agua, y partió hacia su gran aventura.

La villa se encuentra situada en una pequeña bahía y cuenta con varios recuerdos de la estancia del almirante. Entre ellos destaca la iglesia de San Sebastián, donde la tradición dice que escuchó misa antes de su partida. Durante el tiempo que permaneció en la isla se alojó en la fortaleza, del siglo XV, que era la residencia de los gobernadores y que en la actualidad ha desaparecido por completo salvo la torre del Conde. Esta torre fortificada de forma prismática, de casi 40 metros de diámetro y 15 metros de altura, la mandó construir Hernán Peraza el Viejo en 1447 y es la única de las torres construidas durante la conquista de Canarias que continúa en pie. No debe tanto su fama a la arquitectura, basada en sencillos muros encalados de blanco con esquinas de cantería roja, como al hecho de haber servido de refugio a los conquistadores cuando los gomeros se sublevaron contra ellos. Frente a la plaza de la iglesia de Nuestra Señora de la Asunción se sitúa una de las dos fachadas de la casa Bencomo, construida durante la primera mitad del siglo XIX en estilo tradicional canario. Dado que apenas se ha alterado con el tiempo su estructura original, presenta la típica fachada canaria y la galería interior en torno a un patio.

La torre del Conde de San Sebastián de la Gomera formó parte de una fortaleza del siglo XV. Fue levantada para impulsar la conquista y como defensa ante la hostilidad que los aborígenes demostraban a los españoles.

Interior de la iglesia de San Sebastián. En su primer viaje, Colón se detuvo en la isla para aprovisionarse y reparar el timón de una de las carabelas. Aquí rezó y escuchó misa antes de partir.

Pero la urbe no vive sólo del pasado, y en la actualidad se encuentra en una fase importante de desarrollo económico, potenciado por la ampliación de su puerto y la construcción del puerto deportivo, que permite la llegada y el mantenimiento de gran número de embarcaciones. Unido a esto se continúa con la tradicional política de conservación que ha permitido salvaguardar hasta la fecha su rico patrimonio natural, con lo cual se favorece la llegada de un turismo de calidad, lejos de los problemas de masificación de otros puntos turísticos.

Fiestas populares

Entre las principales festividades cabe citar la de Nuestra Señora de los Reyes, el 6 de enero, durante la cual se hace una ofrenda floral (ofrenda del Ramo) en el santuario; por la noche se organiza una verbena popular. La noche de San Juan, el 24 de junio, se ilumina con los centenares de hogueras que se encienden en las laderas de los valles para celebrar la llegada de la estación más cálida del año. Unos días más tarde, el 28 de ese mismo mes, se festeja San Pedro. El acto más conocido es la procesión por las aguas del mar de la imagen sacada del templo y en la que participan grandes cantidades de pequeñas embarcaciones, por lo general abarrotadas de fieles. Otras verbenas son la de San Buenaventura y la Virgen de la Salud, el 15 de julio, y la de Nuestra Señora del Carmen, el 16 de julio. Muy celebradas son las fiestas de la Virgen de Guadalupe, el 5 de octubre, con una romería en barco que lleva la imagen hasta el santuario de Puntallana, desde donde vuelve a su ermita.

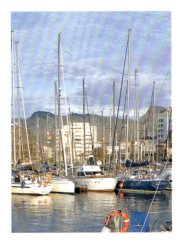

El nuevo puerto deportivo de San Sebastián de la Gomera no sólo ha permitido confirmar las excelentes condiciones de navegación de la zona, sino también atraer a turistas de gran poder adquisitivo.

Ermita de Nuestra Señora de Guadalupe. Ubicada en una marisma de Puntallana, se accede a ella en pequeños veleros que, cada 5 de octubre, sacan la imagen en procesión.

Gastronomía

Las excelencias del mar y los cultivos particulares son los ingredientes de la cocina, sencilla y sabrosa, de San Sebastián de la Gomera. Así, el potaje de berros o el queso fresco de cabra, a partir del cual se elabora el almogrote, una pasta picante para untar el pan o aliñar las papas (patatas) negras, traídas de América hace varios siglos. También las papas sirven de acompañamiento de las viejas, un pescado de sabor peculiar que vive en el litoral canario. Pero, la reina de la cocina gomera es la miel de palma, que sirve de materia prima para toda una tradición de postres y cócteles.

La Palma

A pesar de ser de dimensiones relativamente reducidas, la isla de La Palma alcanza alturas considerables, con el Roque de los Muchachos, de 2.426 metros, como punto culminante, ya que supera en muchos puntos de su cordillera central el límite de los 2.000 metros.

Conocida también con el nombre de la Isla Bonita por la singular belleza de sus paisajes, La Palma es famosa por la existencia del parque nacional de la Caldera de Taburiente. Se trata de un enorme cráter con forma de herradura, abierto hacia el mar por el Barranco de las Angustias, que sirve de cauce al río. En su interior se desarrolla una riquísima vegetación de pino canario, cedros, brezos, helechos, tagasastes, gracias y amagantes, entre otras especies propias de la isla. La fauna, no muy abundante, presenta un claro predominio de las aves.

La caldera de Taburiente y su espectacular circo volcánico, con unas paredes vertiginosas y sumergido entre nubes, es una de las grandes atracciones de la isla de La Palma.

En el espectacular entorno del Roque de los Muchachos, a más de 2.400 metros de altitud, se inauguró en 1985 el observatorio de astrofísica, una de las instalaciones más importantes de este género a nivel mundial.

Menos conocido para el gran público, pero de renombre internacional entre los científicos, es el observatorio astronómico del Roque de los Muchachos, perteneciente al Instituto de Astrofísica de Canarias y situado en un emplazamiento ideal para llevar a cabo relevantes estudios de astronomía, dadas las excelentes condiciones meteorológicas que se dan en este punto. Inaugurado en 1985, aquí se encuentra la más importante concentración de telescopios de todo el hemisferio norte pertenecientes a Gran Bretaña y a los Países Bajos, Suecia y Dinamarca.

Santa Cruz de La Palma

Levantada sobre un terreno escarpado, seguramente por razones defensivas, con un trazado escalonado, la pequeña ciudad de Santa Cruz de La Palma es el principal puerto de la isla y uno de los motores de su desarrollo comercial y turístico. Se asienta al borde de una antigua caldera volcánica denominada La Caldereta, junto al Barranco Seco. Se advierte enseguida la presencia de la lava, hoy solidificada, que se derramó desde La Caldereta hasta el mar, donde formó una gran colada basáltica.

La capital de la isla y puerto principal cuenta con cerca de 18.000 habitantes y se sitúa en la vertiente oriental, por lo que la acción de los vientos alisios hace que sus cielos se vean cubiertos con frecuencia de grandes bancos de nubes cargadas de humedad procedentes del océano que descargan lluvias abundantes en las cercanas cumbres.

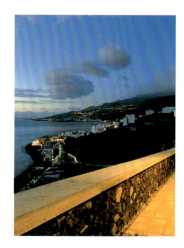

Situada en el oriente de la isla de La Palma, la ciudad de Santa Cruz conjuga edificios modernos con los más típicos canarios.

Los datos arqueológicos indican que el lugar estuvo poblado durante el primer milenio antes de Cristo. Restos de ese antiguo poblamiento los encontramos en las cuevas del Morro de Las Nieves y en la Erita, donde se conserva un interesante conjunto de grabados rupestres. La conquista castellana de La Palma finalizó el 3 de mayo de 1493, fecha en que se fundó la ciudad y dio comienzo su desarrollo para centralizar todas las actividades de la isla. Sin embargo, el 21 de julio de 1553, varios centenares de corsarios franceses desembarcaron en ella y, tras ocuparla durante algo más de una semana, provocaron su casi total destrucción. Comenzaron entonces los trabajos de reconstrucción y se trazaron unas nuevas líneas urbanísticas, que dieron lugar a lo que es hoy el casco viejo de la urbe.

En 1558 se creó el primer Juzgado de Indias, a raíz de lo cual Santa Cruz de la Palma experimentó un notable desarrollo económico y su puerto se convirtió en el tercero del mundo en cuanto a tráfico comercial después de los puertos de Sevilla y Amberes. Esto condujo, a su vez, a que la actividad de su astillero experimentara un considerable crecimiento y otras industrias, como la de la seda, alcanzaran notable importancia.

En enero de 1773 tuvo lugar la primera elección democrática de los miembros del Ayuntamiento, lo cual constituyó un hito histórico en el conjunto del Imperio español, puso fin a los abusos de poder que se habían ido produciendo desde los inicios de la ciudad y favoreció su desarrollo sociocultural.

El Ayuntamiento de Santa Cruz de La Palma fue el primer consistorio de España cuyos miembros fueron elegidos por voto popular, en 1773.

Los mástiles de la *Santa María* sobresalen gallardos sobre los árboles de La Alameda de La Palma. Se trata de una magnífica réplica de la carabela de Cristóbal Colón, que se conoce también como «el barco de la Virgen».

Para evocar diversos aspectos del pasado marinero de Santa Cruz de La Palma, como la época de la emigración a América o el florecimiento de la construcción naval, se construyó una reproducción de la carabela Santa María, que se empleó por primera vez para la bajada de la Virgen del año 1940, y de ahí el nombre de barca de la Virgen con que se la conoce. La carabela alberga en su interior el Museo Naval de Santa Cruz de La Palma, que exhibe cartas marinas del siglo XVIII, maquetas de barcos fabricados en La Palma y documentos del Juzgado de Indias.

El casco viejo

La estructura urbana se adapta al terreno abrupto y adquiere un trazado escalonado. La calle Real constituye la principal arteria de la ciudad y el lugar donde se construyeron entre los siglos XVI y XVIII palacetes y mansiones de la burguesía. Una de ellas es la casa de Arce y Rojas, que ha sufrido diversas modificaciones. Se considera de particular interés, por su peculiar decoración, la ventana que se sitúa en el eje de la puerta. La calle discurre desde el puerto hasta la Alameda, siguiendo en paralelo el rompiente.

Vista parcial de la plaza de la Alameda, con el monumento al doctor Pérez Camacho en primer término y el quiosco al fondo.

Cerca de la Alameda se encuentra la fortaleza de Santa Catalina. Data de 1585 y se construyó según los planos del arquitecto italiano Leonardo Torriani. Tiene sus orígenes en la torre de San Miguel, del año 1554, y permitió durante muchos años defender la ciudad frente al ataque de los piratas, que abundaban durante aquella época.

En la plaza de España se encuentra la parroquia de El Salvador. Se fundó en 1497 y se amplió a mediados del siglo XVI. Tiene planta basilical y consta de tres naves. La portada principal data de 1585 y recuerda un arco de triunfo romano. La torre se construyó tras el ataque de los corsarios franceses de 1553 y se caracteriza por la rica ventana que se abre hacia la plaza. En el interior destacan los techos de madera de estilo mudéjar, que se cuentan entre los mejores de todo el archipiélago. Es también notable la sacristía, con bóvedas de crucería gótica.

La iglesia de la parroquia de San Francisco se construyó durante los siglos XVI-XVIII, después de que la reina doña Juana diera instrucciones en 1508 de crear un monasterio para los frailes franciscanos que residían en la isla desde su conquista. Posee en su interior varios retablos barrocos, así como una rica colección de imágenes de las escuelas canaria, sevillana, flamenca y americana. La capilla de Montserrat, del año 1540, constituye una de las primeras obras renacentistas de las Canarias.

En la parroquia de la Encarnación se instala la imagen de Nuestra Señora de las Nieves la víspera de la Bajada, en el curso de las Lustrales. Tiene una única nave y posee un magnífico conjunto flamenco de la Virgen de la Encarnación con el Arcángel Gabriel. La pequeña imagen objeto de esta procesión, de terracota policromada de estilo gótico del siglo XIV, permanece durante el resto del tiempo en el santuario de la Virgen de las Nieves, situado en un hermoso paisaje en las afueras de la ciudad. La leyenda dice que los aborígenes ya adoraban esta virgen antes de la llegada de las tropas castellanas. Inicialmente se construyó una pequeña ermita,

La plaza de San Francisco, junto a la iglesia homónima, es uno de los sitios clásicos de Santa Cruz de La Palma.

que en 1657 pasó a ser parroquia. Junto al santuario se encuentran la casa parroquial, de principios del siglo XVIII, la casa de los Romeros, del XVII y destinada a alojar a los peregrinos, y varias haciendas.

El convento de San Miguel de La Palma, hoy sede del instituto de enseñanza secundaria Alonso Pérez Díaz, lo fundaron los dominicos en 1530, a partir de una antigua ermita situada en este lugar. Fue uno de los principales de las Canarias y tuvo cátedras de filosofía y teología.

La iglesia del hospital de Nuestra Señora de los Dolores se construyó sobre una ermita dedicada en 1574 a Santa Águeda, como parte del primer monasterio de monjas de la isla, pertenecientes a la orden de las Clarisas. Posee una sola nave con dos puertas gemelas. En 1840, el convento se transformó en hospital.

La iglesia de Santo Domingo fue totalmente demolida durante el ataque de los corsarios en 1553 y se reconstruyó más tarde. Son magníficos los techos mudéjares de las capillas de la cabecera, y tanto el púlpito como el coro y los retablos constituyen una excelente muestra del estilo barroco. Alberga también una magnífica colección de pinturas flamencas.

Edificios civiles

Una institución de especial relevancia histórica es el Juzgado de Indias, creado en 1558, pero que diez años después se instaló en unas dependencias situadas junto al Concejo Capitular. Aquí se trataban todos los asuntos relacionados con las leyes que regulaban el comercio con las colonias americanas. A mediados del siglo XIX el edificio pasó a ser propiedad privada y fue reconstruido, adquiriendo su actual aspecto. La arquitectura civil de la ciudad tiene uno de sus elementos más característicos en la avenida Marítima, adornada con los típicos balcones que dan carácter a muchas de las poblaciones canarias, aunque en este caso se trata de balcones dobles de estilo portugués, en unos casos cubiertos de celosías y en otros de cristaleras. Constituyen un elemento urbano de especial belleza en las casas de fachadas de distintos colores que flanquean esta avenida.

La casa Monteverde data de 1618, aunque fue reconstruida y modificada en 1922. En la fachada principal, del siglo XVIII, se añadió la última planta, con ventanas de celosías y un balcón acristalado. Con estas obras desaparecieron las ventanas góticas que se abrían a la calle O'Daly. El edificio sirve hoy de sede de la UNED y la planta baja alberga una sala de exposiciones del Cabildo Insular.

La casa Massieu-Sotomayor acabó de construirse en 1809. La fachada principal muestra el escudo de sus primeros propietarios, rodeado de cuatro bustos de mármol, y en las esquinas varias gárgolas de piedra con figuras humanas.

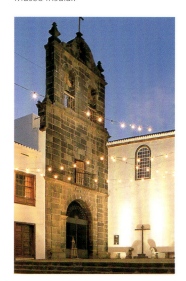

Los franciscanos acompañaron la conquista de La Palma y durante años vivieron en chozas, hasta que la reina Juana, en 1508, ordenó la construcción de un monasterio bajo su patronato. Hoy alberga el Museo Insular.

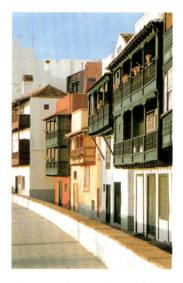

Caracterizan las casas del agradable Paseo Marítimo de Santa Cruz de La Palma las balconadas de madera, de aire colonial, y el hermoso despliegue cromático de sus bonitas fachadas.

La floreciente y moderna Santa Cruz de La Palma fue declarada conjunto histórico-artístico y patrimonio nacional por el irresistible encanto colonial de su casco histórico, en el que conviven aristocráticos palacios barrocos y mansiones señoriales con las casas de estilo tradicional canario.

Comedor de la casa Fierro, hoy perteneciente al Real Club Náutico. El edificio fue mandado construir por José María Fierro Santacruz en 1817.

El Enano, en bronce, tocado con un enorme sombrero napoleónico. Este monumento, ubicado en la plaza de la Alameda, sirve de último escenario de la danza de los Enanos en las fiestas Lustrales.

En 1817 se construyó la casa Fierro sobre el solar de tres edificios destruidos en el incendio de 1798. Consta de un patio central, una escalera imperial de madera y dos patios más pequeños a ambos lados, y en 1904 pasó a albergar la sede del Real Club Náutico.

Por último, se puede completar el recorrido por el casco viejo de Santa Cruz de la Palma con una visita al Museo Insular de San Francisco, instalado desde el año 1986 en el antiguo convento de los franciscanos, un edificio de estilo canario clásico que tiene dos patios grandes provistos de correderas de madera. Consta de varias secciones, dedicadas a la arqueología, etnología, ciencias naturales, diseño naval y náutica. Cuenta asimismo con un taller de restauración.

Las fiestas

Una de las principales fiestas que se celebran en toda la isla, la de las Cruces, conmemora también la fecha en que se fundó Santa Cruz de La Palma. Durante la víspera de ese día, se cambia la tela de las cruces que cuelgan en numerosas fachadas y se las engalana con flores, que a menudo se acompañan de joyas. Estas cruces se exhiben en los balcones, acompañadas de muñecos que representan distintos aspectos de la vida tradicional.

El 13 de junio es la festividad de San Antonio, durante la cual se bendice el ganado en la feria, donde también se celebran exhibiciones y concursos de productos artesanales, y tiene lugar una

Santuario de Nuestra Señora de las Nieves, origen de una de las principales fiestas locales. Dice la leyenda que esta Virgen era venerada por los guanches antes de la conquista.

vistosa procesión. Otras fiestas importante de la ciudad son las Lustrales, con la Bajada de la Virgen de las Nieves. Se celebran entre los meses de junio y agosto, cada cinco años, y las de la primera década del tercer milenio se celebraron en 2005 y 2010. El último domingo de junio, los participantes en la romería se visten con trajes tradicionales y trasladan las piezas del trono de la Virgen desde el santuario hasta la iglesia de El Salvador, donde permanecerá la imagen durante estos meses. Lo más característico de esta fiesta son las danzas que se celebran desde el segundo domingo de julio, con la participación de gigantes y cabezudos, así como numerosos danzantes disfrazados. La fiesta tiene sus orígenes en 1676, cuando después de un largo período de sequía se bajó la imagen del santuario a la ciudad para hacer rogativas. El obispo decidió que a partir de 1680 la procesión se repitiera cada cinco años.

El Hierro, la tierra de los bimbaches

Cuando las antiguas leyendas afirmaban que el océano Atlántico se precipitaba por occidente en una inmensa cascada más allá de las columnas de Hércules, las islas Canarias, también conocidas como las Afortunadas, constituían el punto más lejano al que podían aventurarse los navegantes de esta parte del mundo. El Hierro, con 278 km² de superficie, es la más pequeña de las islas del archipiélago canario, pero en este reducido territorio se alterna una gran variedad de paisajes sobre una abrupta orografía. En sus costas se suceden enormes acantilados, de hasta mil metros de altura, dando lugar hacia el interior a una meseta dotada de una rica vegetación.

Las costas de El Hierro presentan grandes acantilados, que pueden alcanzar en algunas zonas hasta mil metros de altura y se continúan hacia el interior de la isla en una meseta dotada.

Otras zonas de esta isla, en cambio, se muestran desnudas como fruto del vulcanismo. En la parte central de la isla hay una interesante masa de laurisilva.

Se desconoce de dónde procede el nombre, pues en la isla no hay hierro, por lo que se supone que procede del que le daban sus primitivos pobladores, los bimbaches, uno de los pueblos que los conquistadores castellanos designaron genéricamente con el nombre de guanches, aunque existían diferencias entre las poblaciones de las distintas islas. Su modo de vida y su cultura, neolíticas, eran similares a las de las restantes etnias del archipiélago.

Se han encontrado numerosos enterramientos y cuevas utilizadas como viviendas y para otros fines diversos, utensilios, momias y algunas inscripciones, aunque, como sucede con los guanches en general, se desconoce su origen.

La pequeña desconocida

A comienzos del siglo XV se inició la conquista de la isla en el contexto de las operaciones generales en todo el archipiélago. Las *Crónicas de la conquista de Canarias*, narran la llegada de los españoles en estos términos: «*Dejándolos pues ya sosegados y con quietud, determinó el dicho Señor Betancurte pasar a la conquista de la isla del Hierro y así se embarcó para ella. Embarcado pues el dicho Señor Betancurte con su gente y con algunos gomeros valerosos fue la vuelta de la isla del Hierro, la cual Dios Nuestro*

Señor dio a esta gente de un notable bien: que en esta isla está un árbol en un hoya de una breña y sierra, el cual los herreños llamaban garao, sobre el cual todas las mañanas amanece una nube blanca la cual destila de sí agua por las hojas abajo, que cae en una represa a manera de tanque con que está rodeado el dicho árbol, de la cual agua beben los vecinos del lugar y sus ganados. Era esta gente afable y dócil y sus cantares muy lastimeros a manera de endechas cortas y muy sentidas, y hoy en día se cantan en lenguaje castellano que mueven a compasión y enternecen mucho a quien las oye y aun hacen llorar a mujeres y personas de corazón blando, y si tratan de amores ausentes, muertes y apartamientos mucho más. Sus vestidos, costumbres y mantenimientos sin diferenciar en nada eran como los demás de las demás islas que ya se han dicho. Hubo en ellos muy poca resistencia por tener poca gente y así se dieron y fueron todos cristianos e instruidos en la santa fe católica».

Los aborígenes, tal como acabamos de leer, eran un pueblo pacífico, que apenas opuso resistencia y poco a poco fue mezclándose con los colonos procedentes de la Península. Muchos de ellos, sin embargo, pasaron a ser esclavos, una práctica que perduró hasta el siglo XIX.

En el texto de las *Crónicas* resulta particularmente interesante la referencia al garao, un árbol desaparecido de la familia de las lauráceas que retenía la humedad en sus hojas para después destilarla. Los aborígenes comprendieron que podían aprovechar esta agua tan valiosa y construyeron una alberca alrededor del tronco. El árbol fue abatido por un huracán en 1610 y no quedan más vestigios de su existencia que las referencias históricas y algunos topónimos inspirados en su nombre. La historia de El Hierro es común a la de las restantes islas del archipiélago. Sus escasas dimensiones y la reducida población hicieron que la isla no tuviera el interés comercial y

A la izquierda, el sabinar que se extiende en la Dehesa, de origen más que milenario. Símbolo de El Hierro, su existencia contribuyó a que la isla fuese declarada Reserva de la Biosfera. Abajo, el mirador de La Peña, obra de César Manrique, construido al borde de un acantilado vertiginoso. Realizado con los materiales tradicionales de la isla de El Hierro, el mirador ofrece una espléndida vista de la bahía de El Golfo.

estratégico de otras, lo cual ayudó a mantenerla a salvo de muchos de los problemas que el archipiélago sufrió en relación a su importante papel como escala en la ruta de las Indias.

La economía de la isla se ha basado tradicionalmente en la agricultura y la ganadería, a los que cabe añadir la pesca. La cochinilla, utilizada para elaborar tintes, tuvo importancia hasta el siglo XIX, cuando aparecieron los colorantes sintéticos. En los últimos años, el turismo ha ido adquiriendo una importancia creciente, en particular el turismo rural, para el que la isla ofrece unas excelentes condiciones. La actividad comercial de El Hierro se canaliza a través del puerto de La Estaca, ampliado en la segunda mitad del siglo XX para recibir cualquier tipo de buques.

Valverde, la villa de las brumas

Como ocurre en todo El Hierro, en su capital, Valverde, el visitante también puede tener la sensación de estar suspendido en el tiempo y en el espacio. No es el fin del mundo, como se creía siglos atrás, pero sí un lugar apacible que invita a la paz interior.

Valverde es la capital y principal núcleo urbano de El Hierro. La villa, de unos 5.000 habitantes, la mitad de los que pueblan la isla, se encuentra sobre una ladera a unos 700 metros de altitud, en el lugar conocido como Amoco, en el interior, siendo la única de las capitales canarias que no

La blanca torre de la ermita de la Caridad se eleva sobre una colina volcánica del municipio de La Frontera, en el noroeste de la isla de El Hierro.

Vista de Valverde, capital y principal población de El Hierro. Situada a 700 metros de altura, en el paraje llamado Amoco, es la única capital de las islas que no se levanta sobre la costa.

A la izquierda, la iglesia de Santa María de la Concepción, construida en el siglo XVIII y reformada en el primer tercio del siglo XX por José Rodrigo Vallebriga. En la iglesia se venera una imagen de la Virgen, pero desde el punto de vista artístico el interés se desplaza a la talla de origen genovés llamada el Cristo de la Columna (abajo).

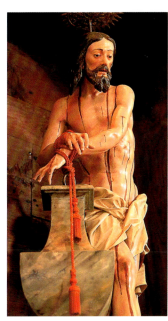

se sitúa en la costa. Acoge el Cabildo Insular y está formada por edificios de baja altura dispuestos de modo disperso a lo largo de dos vías principales, de las que parten varias callejuelas. Se divide en tres barrios: Tesine, en la parte superior, La Calle, en el centro, y El Cabo, en la inferior. La villa se enorgullece de no tener semáforos y proporciona, sin duda alguna, un modo de vida sosegado a sus vecinos. El ambiente es muy tranquilo y le permite al visitante disfrutar de un descanso que rara vez se encuentra ya en la mayoría de las islas.

Entre los edificios de interés está la iglesia parroquial de Santa María de la Concepción, del siglo XVIII. Además de la imagen de esta Virgen, en el interior del templo se guarda una de gran valor artístico del Cristo de la Columna, de la escuela genovesa. El Ayuntamiento, situado enfrente del templo, es un edificio cuya construcción, en el estilo típico canario, se inició en 1910, aunque las obras no finalizaron hasta 1940.

En Valverde se celebra la principal fiesta de la isla, la Bajada de la Virgen de los Reyes, que tiene lugar a comienzos del mes de julio con una periodicidad de cuatro años. Una procesión traslada a la Virgen desde la ermita hasta Valverde, acompañada de bailarines ataviados con un traje tradicional de color rojo y blanco, y gorros de muchos colores. Participan en ella prácticamente todos los vecinos de la isla, además de los numerosos visitantes que acuden con motivo de estos festejos, que se prolongan durante casi un mes.

Las Palmas
roques, playas y volcanes

Tres grandes islas (Gran Canaria, Lanzarote y Fuerteventura) y siete islotes (La Graciosa, Alegranza, Montaña Clara, Roque del Este, Roque del Oeste, Isla de Lobos y La Isleta) forman la provincia de Las Palmas, una de las dos divisiones administrativas en que se reparte la Comunidad Autónoma de Canarias. La capital, Las Palmas de Gran Canaria, es la ciudad más poblada no sólo de la provincia sino también de todo el archipiélago. En conjunto, la demografía provincial arroja un censo que rebasa ligeramente el millón de habitantes. La población se concentra en su gran mayoría en la isla de Gran Canaria, cuyo territorio de forma circular se eleva escalonadamente hacia el gran macizo central, que culmina en el pico de las Nieves, a 1.949 metros de altitud. Allí se encuentra el famoso Roque Nublo, un fabuloso roquedo aislado que eleva hacia el cielo sus 80 metros de altura en el centro geográfico de la isla. En el año 2005, como consecuencia de una tormenta tropical, la isla perdió uno de sus monumentos naturales más queridos, el Dedo de Dios o Roque Partido, una peculiar formación rocosa situada en la costa del noroeste.

Las otras dos islas, Lanzarote y Fuerteventura, presentan una configuración alargada y cuentan con un puñado de pequeños núcleos de población. La primera alberga el parque nacional de Timanfaya, que protege el cono y las coladas de característico color negruzco del volcán homónimo. También en Lanzarote, los Riscos de Famara proporcionan desde sus 600 metros de altura una bella vista de la isla, que abarca la capital, Arrecife, y el vecino archipiélago Chinijo, declarado Reserva Natural.

En la doble página anterior, uno de los centros turísticos más importantes de Fuerteventura es Morro Jable, por su amplia dotación hotelera y por los kilómetros de playas doradas y aguas cristalinas muy apreciadas por los amantes de los deportes acuáticos.

En la página izquierda, los agricultores de Lanzarote idearon un sistema de viñedos a ras de la tierra volcánica protegidos del viento por medio de piedra, con el que han conseguido elaborar una de las mejores malvasías del archipiélago canario.

En Fuerteventura, cuya capital es la ciudad de Puerto del Rosario, los atractivos turísticos se concentran en la península de Jandía, una lengua de tierra de terreno arenoso con hermosas playas de aguas limpias y tranquilas en su costa oriental. Precisamente, las playas no escasean en esta provincia. Algunas de las numerosas playas que orlan la isla de Gran Canaria gozan de una fama considerable debido a sus extensas formaciones de dunas, y en Lanzarote se pueden encontrar arenales muy propicios para los baños de mar. De hecho, las bellezas naturales y las playas constituyen los atractivos más característicos de estos territorios, por encima incluso de su importante patrimonio monumental y cultural.

Gran Canaria

De forma casi circular, la isla de Gran Canaria ocupa una superficie de 1.531 km² y culmina en el pico de las Nieves, de 1.949 metros de altura, situado casi en el centro geométrico de la isla, y cuyas laderas se extienden de modo uniforme hacia la costa.

En la parte sudoccidental el terreno está formado por materiales volcánicos antiguos, sobre los que ha actuado la erosión dando lugar a profundos barrancos, por muchos de los cuales circula el agua de manera intermitente, mientras que en el nordeste el paisaje es más llano, con predominio de los basaltos. El litoral del sur y del este es bajo y arenoso, mientras que en el noroeste y el sudoeste aparecen numerosos acantilados rocosos.

La simetría de la isla hace que sea posible dividir con claridad la vegetación según los distintos pisos altitudinales. El basal, que va desde el nivel del mar hasta unos 500 metros de altura, lo forma una vegetación de escaso porte, matorral en su mayoría, y adaptado a la sequedad. A par-

Abajo, el Jardín Botánico Viera y Clavijo, situado en el barranco de Guiniguada, a 7 kilómetros de Las Palmas de Gran Canaria. A la derecha, la iglesia de Santa Lucía de Tirajana, un municipio que se encuentra al sudeste de la isla de Gran Canaria.

Las Palmas de Gran Canaria, una ciudad construida alrededor de un istmo, es hoy un importante centro turístico y cuenta con un activo puerto comercial

tir de esa cota y hasta los 1.000 metros, encontramos pinares, y después, a mayor altitud, en la zona septentrional de la isla los pinos son sustituidos por la laurisilva, un tipo de vegetación propio de las islas volcánicas del Atlántico y que constituye un vestigio de los grandes bosques que cubrían hace millones de años buena parte del hemisferio norte.

Además del turismo, que constituye una actividad de enorme relevancia para todo el archipiélago, la agricultura tiene aquí una gran importancia. El tipo de cultivos depende de la altitud: hasta los 300 metros el plátano es el principal producto, junto con el tabaco y las huertas; entre los 300 y los 900 metros de altitud predominan los cultivos de tipo mediterráneo y por encima de esa cota la actividad principal es la ganadería y la explotación forestal.

Gran Canaria estuvo poblada en épocas pretéritas, aunque no se sabe con certeza desde cuándo. El pueblo guanche, protagonista de infinidad de mitos, ha dejado numerosos vestigios, hallados principalmente en los yacimientos de Gáldar y de Valerón. La población actual, de unas 850.000 personas, procede en su mayoría de la Península y otras regiones europeas, aunque en los últimos tiempos se han instalado también comunidades de otros continentes. Los monumentos históricos de la isla son, por consiguiente, posteriores a la colonización del siglo XV.

El pueblo guanche

Cuando llegaron los europeos a finales del siglo XIV, encontraron gentes de tez blanca y elevada estatura a las que dieron el nombre de guanches. Bajo esta denominación se engloba un conjunto de distintas etnias que, procedentes del continente africano, llegaron al archipiélago a partir, probablemente, del 2500 a.C. Acabaron formando una unidad resultante del cruce de tipos mediterráneos, norteafricanos y negroides. De su existencia hablan relatos y crónicas griegas, pero entremezcladas con la leyenda, según la cual serían los últimos habitantes de un antiguo continente, la Atlántida, que se hundió en el océano. Se extinguieron apenas un siglo después de que desembarcaran en estas tierras los colonizadores procedentes de la Península.

A pesar de las numerosas lagunas existentes en cuanto al conocimiento de estos pobladores prehispánicos, se sabe que eran fundamentalmente agricultores, que cultivaban sobre todo cebada, junto con trigo y habas, productos que constituían la base de su dieta. Las técnicas que empleaban eran bastante primitivas, pues desconocían el uso del arado. Completaban esta actividad, aunque en mucho menor grado, con la práctica de la ganadería y la pesca. Los principales animales domesticados eran las ovejas, cabras y cerdos.

Las Canarias estuvieron pobladas antes de la llegada de los españoles en el siglo XV por un pueblo de pastores y guerreros, los guanches, que dejaron numerosas huellas y vestigios de su cultura en el archipiélago.

Los guanches vivían en poblados grandes y mantenían una estructura social dividida en clases, cuyo elemento básico era la familia monógama. El clan estaba dominado por un rey, al que rodeaban los nobles, y bajo éstos estaban los artesanos y los agricultores. Una característica de este pueblo era la utilización de las cuevas como vivienda y la existencia de silos, donde guardaban los alimentos. El otro tipo de vivienda habitual eran las moradas excavadas en el suelo y reforzadas con un muro circular de piedra, cubierto todo ello de madera.

El principal producto de la actividad artesana de los guanches eran las vasijas de barro, de muy diversos tamaños y formas, así como las armas y herramientas de piedra basáltica, pero trabajaban también la lava y la obsidiana. A estos productos hay que añadir las pintaderas, muy características de esta cultura. Se trata de una especie de sellos de madera o barro cocido, provistos de un mango, con distintos dibujos en la superficie destinada a estampar. No se sabe con certeza el uso de estas estampaciones, aunque se supone que podría ser, por un lado, el meramente decorativo y por otro el de servir de señal de identidad para identificar al propietario de los objetos, por ejemplo en la puerta de los silos.

Poco se sabe acerca de la religión que practicaban, aunque se trataba probablemente de cultos a deidades astrales, un rasgo característico de muchas culturas agrícolas de la Antigüedad. Había dioses y diosas, a los que se ofrecían sacrificios. También se practicaba el culto a los difuntos y era corriente la momificación de los cadáveres.

Los pobladores de Gran Canaria fueron los que presentaron una mayor resistencia a la conquista española: *«El cual, llegado a Canaria, echó luego su gente en tierra aunque los canarios lo defendieron valerosamente porque eran muchos y muy esforzados. Es isla de mucha recreación y de muchas y buenas aguas y buenas frutas y mucho pescado aunque de esto, gloria a Nuestro Señor, todas son abundantes».* Las *Crónicas* prosiguen contando que, en vista de tanta resistencia, Bethencourt decidió retirarse de Gran Canaria

En Betancuria se erigieron dos esculturas en bronce dedicadas a Guise y Ayose, los caudillos de los mahos, antiguos majoreros, que a comienzos del siglo XV se enfrentaron a los conquistadores normandos encabezados por Jean de Bethencourt.

y partir a la conquista de El Hierro y La Gomera. Y una vez ganadas ambas islas, volvió de nuevo a Gran Canaria con su tropa muy aumentada por los isleños que se le habían sumado. Pero, una vez más, Bethencourt tuvo que darse por vencido al no poder derrotar a los habitantes de Gran Canaria. El texto menciona que Bethencourt decidió retirarse por temor a que una victoria de los guanches pusiera en peligro el buen nombre conseguido gracias a la conquista de las demás islas, y también hace referencia a que estaba ya algo cansado y viejo y deseaba volver a ver a los numerosos amigos que había dejado en Castilla.

Así finalizó la primera fase de la conquista de Canarias, denominada la conquista betancuriana, que concluyó en 1412. La incorporación de las islas que faltaban –Gran Canaria, La Palma y Tenerife– no se llevó a cabo hasta finales del siglo XV, cuando los Reyes Católicos organizaron una campaña para incorporar las islas a la Corona de Castilla, que se prolongó de 1478 a 1496. Después de duros enfrentamientos entre ambos bandos, la conquista de Gran Canaria se completó en 1483.

Los yacimientos guanches

Gran Canaria debió de ser uno de los centros principales de esta cultura, pues aquí se encuentra el mayor número de yacimientos encontrados hasta la fecha, incluyendo los de mayor relevancia. Destaca entre estos restos el poblado de Gáldar, el más extenso de los encontrados, donde merece una especial mención la Cueva Pintada. En sus paredes se pueden contemplar áreas ricamente decoradas con motivos geométricos, en forma de cuadrados, triángulos y círculos, combinando el rojo, el blanco, el negro y el ocre como colores principales. Esta variedad cromática sólo se encuentra en Gran Canaria, lo que avala la hipótesis del mayor desarrollo de la cultura guanche en esta isla. Se desconoce el uso al que estaba destinada esta cavidad, pues pudo haber

Al noroeste de Las Palmas está Gáldar, una antigua capital guanche, extendida a los pies de un volcán. Allí hay cuevas que los primitivos habitantes de la isla usaron como refugios. Entre ellas destaca la Cueva Pintada (abajo), donde se conservan las mejores muestras del arte rupestre canario. También existen otros importantes yacimientos arqueológicos con tumbas y viviendas (derecha).

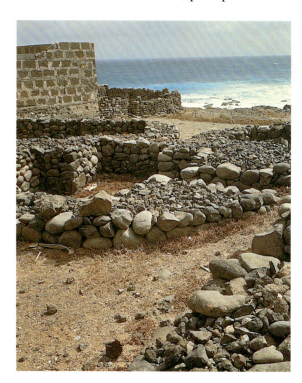

Cenobio de Valerón, en Santa María de Guía. Los guanches excavaron casi trescientos compartimentos que eran usados como graneros, y que demuestran la importancia que para este pueblo tuvo la agricultura.

servido lo mismo de vivienda que de templo. Además de esta cueva, el poblado contiene numerosos restos de viviendas y túmulos funerarios, donde se han encontrado muchos de los utensilios empleados habitualmente en esta cultura.

Resulta también importante el cenobio de Valerón, en Santa María de Guía. En la pared rocosa hay excavados un gran número de habitáculos, cerca de trescientos, utilizados como silos para guardar productos agrícolas, de modo que el conjunto forma un impresionante granero colectivo.

En el poblado de Telde se encontró una de las obras de arte más representativas de este pueblo, el llamado ídolo de Tara. Se trata de una pequeña figura de barro sentada que representa, posiblemente, una mujer, con el rostro muy pequeño en proporción al cuello y al resto del cuerpo, y con brazos y piernas de tamaño exageradamente grande. Es probable que se utilizara en el culto a los muertos y durante las ceremonias relacionadas con los ritos de la fecundidad.

Otros yacimientos de Telde son la cueva de Cuatro Puertas, formada por una plataforma horizontal excavada en la roca volcánica y provista de cuatro puertas, que probablemente tuvo un uso religioso; el poblado de Tufia, formado por cuevas y casas de piedra; el poblado de Tara, que incluye las cuevas más importantes halladas hasta la fecha; y los poblados de La Restinga y Llano de las Brujas, con viviendas, graneros y túmulos funerarios.

En la localidad de San Bartolomé de Tirajana se ha encontrado la necrópolis de Arteara, con más de un millar de túmulos funerarios que se extienden por una superficie de dos kilómetros de largo por uno de ancho. Punta Mujeres es un típico asentamiento costero; el poblado de Tunte es el que agrupa al mayor número de cuevas de toda la isla y, por último, cabe citar Las Fortalezas, un poblado fortificado formado también por cuevas.

Situado en un escenario incomparable, sobre el Barranco de Fataga, se encuentra Mundo Aborigen. Inaugurado en 1994, recrea una aldea aborigen canaria con figuras a tamaño natural y escenas de la vida cotidiana de los guanches.

En Agüimes encontramos el Risco del Canario, un conjunto de cuevas situado en el Barranco de Guayadeque, de difícil acceso, y Los Letreros de Balos, una importante serie de pinturas rupestres que no se limita sólo a las figuras geométricas sino que muestra también representaciones humanas y de animales, así como inscripciones alfabéticas. En Artenara pueden visitarse el poblado de Acusa, con viviendas pintadas, graneros y cuevas funerarias, así como las cuevas de Caballero, con pinturas rupestres en forma de triángulos, y de Los Candiles, en cuyo interior hay numerosas hornacinas cubiertas de triángulos invertidos relacionados supuestamente con la fertilidad.

En la localidad de Mogán cabe citar el Castillete de Tabaibales, que se diferencia de otros poblados por la presencia de murallas y torretas, y la Majada Alta, una cueva con pinturas rupestres muy importantes debido a las técnicas empleadas y los motivos representados, diferentes a los del resto de yacimientos.

Al lado, monumento al guanche, en el parque Doramas de Las Palmas de Gran Canaria. Los conquistadores españoles unificaron bajo el nombre de guanche a todas las etnias de origen africano que poblaban las islas Canarias. A la derecha, otra recreación de la vida de los guanches en el parque temático Mundo Aborigen.

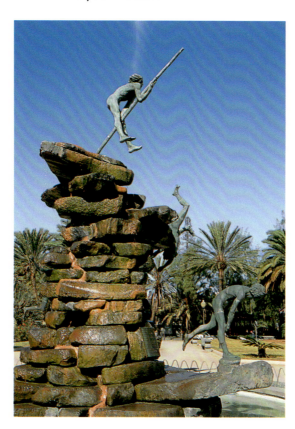

Existen otros muchos yacimientos en distintas localidades, entre las que se pueden citar Santa Brígida, con el poblado de Bandama excavado en el interior de una caldera; Las Palmas de Gran Canaria, con las Cuevas de los Canarios; Temisas, con la necrópolis de La Audiencia; Ingenio, con el yacimiento de El Draguillo o Amurga, con el yacimiento de Almogaren.

Las Palmas de Gran Canaria

Ciudad fundacional para los conquistadores españoles, la más poblada del archipiélago, capital de provincia y de la Comunidad Autónoma (junto con Santa Cruz de Tenerife), Las Palmas goza de un clima ideal y es hoy un importante centro turístico. Es el mayor núcleo de población de Canarias, con algo más de 380.000 habitantes y con un importante puerto comercial, el Puerto de la Luz. La ciudad, construida alrededor de un istmo, se extendió de forma algo anárquica a medida que crecía el número de habitantes.

Su origen se remonta al año 1478, cuando el capitán castellano Juan Rejón estableció en este lugar un campamento militar que sirviera de base para la conquista de la isla. Pronto llegaron los nuevos colonos y dieron el nombre de Real de las Palmas al incipiente poblado, que no tardó mucho en transformarse en el punto de partida para dominar todo el archipiélago.

En 1499, los Reyes Católicos dotaron a la población de un Cabildo Municipal y le concedieron distintos fueros. Más tarde, en 1568, bajo el reinado de Felipe II, se estableció en la ciudad una Audiencia y un tribunal de la Inquisición. Las Palmas adquirió notable importancia

Arriba, las instalaciones del puerto de Las Palmas de Gran Canaria, conocida también como Puerto de la Luz. Abajo, vista de Las Palmas, con el barrio de San Antonio en primer plano. Juan Rejón la fundó en 1478 como base militar para emprender la conquista de la isla.

Panorámica del puerto de Las Palmas. Esta terminal marítima adquirió notable relevancia en el siglo XVI, como puerto de escala en la ruta España-América, por lo que se convirtió en objetivo de piratas ingleses y holandeses.

En el corazón del viejo barrio de la Vegueta de Las Palmas de Gran Canaria se alza la suntuosa catedral de Santa Ana, magnífica muestra del gótico atlántico, aunque en el exterior domina la impronta neoclásica de una segunda etapa de construcción en el siglo XVIII.

como puerto desde el que se controlaba el tráfico entre Europa y América, por lo que a finales del siglo XVI sufrió varios ataques por parte de piratas holandeses e ingleses, entre los que destacó el llevado a cabo por el corsario Francis Drake en 1595 a las órdenes de la reina Isabel I, que la ciudad consiguió rechazar con éxito.

Una escuadra inglesa de 27 embarcaciones atacó Las Palmas de Gran Canaria. Al mando de los piratas Drake y Hawkins, la flota se presentó ante las costas el 6 de octubre. Las campanas de la catedral tocaron a rebato y Alonso de Alvarado, el gobernador de la isla, se dispuso a defender la ciudad a pesar de contar con escasos medios. Cuando se acercaron a tierra unos 1.400 piratas con intención de desembarcar, los canarios dispararon sus arcabuces y sus cañones, y lograron frenar el asalto de los ingleses, que acabaron por retirarse.

Lope de Vega inmortalizó esta heroica defensa de Las Palmas en su poema *La Dragontea*, y varios siglos después, el erudito José Viera y Clavijo describió con detalle este y otros episodios semejantes en una de las diversas obras que dedicó a las islas Canarias: «*Ni es de olvidar en esta línea la hazaña de Antonio Lorenzo, noble vecino, regidor y capitán de infantería española de la Gran Canaria. Un bajel de guerra enemigo sorprende el puerto de La Luz en el mismo año de 1595 y saca otro navío que estaba allí cargado para la América. Sábelo Antonio Lorenzo, toma otra embarcación que había lista; sigue al enemigo, acométele, ríndele valerosamente y, quitándole la presa, vuelve al puerto con merecido aplauso. Pero quedaba todavía en Inglaterra otro hombre fatal que, con la misma habilidad de Drake, la misma práctica marítima y el mismo odio contra España, ponía en nuevos cuidados nuestras islas. Era éste el conde de Essex, que, habiendo saqueado Cádiz, hizo amago de echarse sobre las Canarias y la Madera (1596) con su armada victoriosa, compuesta de 190 velas. Porque, después de haberlas dividido en tres escuadras, se notó que la una, de 50 buques, había tomado el rumbo hacia el mar Atlántico. Al punto los avisos de Madrid; las cartas del conde de Portalegre, gobernador de Lisboa, que de orden del rey envió dos carabelas para que hiciesen centinelas en nuestras travesías; las provisiones de la Audiencia de Canaria; las disposiciones de los gobernadores y ayuntamientos. En nuestras noticias militares veremos con gusto las muchas que se dieron en Tenerife. A pesar de esta vigilancia, recaló sobre Lanzarote la escuadra enemiga del mando de Jorge de Cumberland; y como nos referimos en nuestro libro X, aseguró sus naves en Puerto de Naos, destacó al caballero Berkley con 500 hombres contra la villa abandonada, quienes batieron el castillo de Guanapay, hicieron alguna provisión de vino y queso, tuvieron varios reencuentros con los naturales y se reembarcaron admirados de su gentileza y agilidad en el manejo de las piedras y chuzos. De Lanzarote pasaron a la isla Tercera en las Azores y quemaron la población de Villafranca».*

Situada entre dos bahías, Las Palmas de Gran Canaria, capital de la isla, tiene sus orígenes en una colina situada en el margen derecho del Barranco de Guiniguada. Desde aquí se ha ido expandiendo en distintos barrios hasta crear una gran ciudad llena de vida y actividad comercial.

Sólo cuatro años después, el 26 de junio de 1599, se presentó ante la ciudad el almirante Pieter van der Does al frente de la gran armada holandesa, integrada por 74 embarcaciones. Más de 6.000 soldados asediaron Las Palmas durante dos días, hasta que finalmente los invasores consiguieron entrar. Como era habitual en estas ocasiones, la soldadesca procedió al saqueo de los principales edificios de la ciudad, comenzando por la catedral y las casas consistoriales. No contentos con ello, antes de darse a la fuga, provocaron un gran incendio que destruyó numerosos edificios, así como retablos y otras obras de arte. Fue la mayor invasión de la capital canaria, de la que, afortunadamente, el templo catedralicio se salvó gracias a su solidez.

Durante el reinado de los Austrias fue la capital de todo el archipiélago, y a partir del siglo XVIII, con el inicio del cultivo de especies tropicales y la actividad portuaria, experimentó un rápido crecimiento y una notable prosperidad económica, que se vieron interrumpidos a finales de ese mismo siglo y principios del XIX por una serie de desastres naturales. A mediados de este siglo contaba con poco más de 10.000 habitantes, pero la creciente actividad comercial, principalmente a raíz de la construcción del Puerto de la Luz entre 1883 y 1902, fomentó un gran desarrollo, que se prolongó hasta nuestros días.

En el sector sur de la catedral, y rodeado por las dos plantas del Museo Diocesano de Arte Sacro, se encuentra el magnífico patio de los Naranjos.

Uno de los lugares más entrañables de Las Palmas es el quiosco del parque de San Telmo, una joya del modernismo de 1923. Sobresale la bella ornamentación con motivos florales y geométricos, así como el uso del azulejo y del cristal emplomado típicos del modernismo arquitectónico.

La catedral de Santa Ana de Las Palmas de Gran Canaria deslumbra con su interior gótico, en el que sobresalen las vistosas bóvedas que se dividen en una infinidad de nervaduras y crean un espacio afiligranado y exquisito.

Un recorrido por el núcleo original de la ciudad

El casco antiguo, configurado por los barrios de Vegueta, el lugar donde se fundó la urbe, y de Triana, ofrece una amplia variedad de puntos de interés. Un lugar central del que partir en la visita puede ser la plaza de Santa Ana, a cuyo alrededor se disponen los edificios de mayor importancia de la ciudad, como son la catedral, las Casas Consistoriales, el Palacio Episcopal, la Casa Regental, el Archivo Histórico Provincial y el Archivo Diocesano. Esta plaza está custodiada por seis perros de bronce, que se colocaron en 1895.

La catedral de Santa Ana comenzó a construirse en 1504, pero las obras y sucesivas reformas continuaron hasta el siglo XIX. Este extenso período hizo que el templo conjugara los distintos estilos que se han sucedido desde los comienzos de la empresa. Así, aunque originalmente gótica tardía, van apareciendo también elementos renacentistas, mudéjares y neoclásicos. Consta de tres naves centrales y dos laterales, con ocho capillas. La fachada principal es de estilo neoclásico. Cabe destacar la hermosa sala capitular con su decoración de azulejos y el claustro, con galerías de madera.

Las Casas Consistoriales datan originalmente del siglo XVI, pero quedaron totalmente destruidas en el curso del incendio de 1842, por lo que hubo que emprender una nueva construcción sobre el mismo solar. Son obra del arquitecto gaditano Juan Daura y están adornadas con esculturas alegóricas del escultor francés Boutellier. En la actualidad el edificio se utiliza para los plenos de la corporación municipal, pues las tareas administrativas se han desplazado hacia otras dependencias. El Palacio Episcopal es del siglo XVI, aunque su fachada data del XVII, y se encuentra junto a la catedral. La Casa Regental es un edificio de portada renacentista y parte alta neoclásica, que sirvió en el pasado de residencia del regente y que hoy es la sede del Tribunal de Justicia de Canarias.

Plazas y museos

Otra de las plazas más populares de la ciudad es la del Espíritu Santo. Data del siglo XVI y tiene forma triangular, con una majestuosa fuente y diversas mansiones de la burguesía local. Cerca de aquí está la ermita del Espíritu Santo y no muy lejos el Museo Canario, que ocupa un edificio neoclásico donde se expone una importante colección de cerámica, adornos, útiles y piezas de la cultura guanche. Surgido a finales del siglo XIX por iniciativa de un grupo de eruditos encabezado por Gregorio Chil y Naranjo, el Museo Canario exhibió colecciones de ciencias naturales y antropología, hasta que en 1984 se decidió dedicarlo en exclusiva a la vida de los primitivos pobladores de las islas Canarias. En sus salas se reproducen los dos tipos de vivienda más habituales entre los guanches de Gran Canaria: la casa de piedra y la casa-cueva, además de mostrar las variadas herramientas y utensilios que eran capaces de elaborar con piedra (picos, molinos, morteros, azuelas) y los productos manufacturados que confeccionaban con pieles, hojas de palma y tallos de junco.

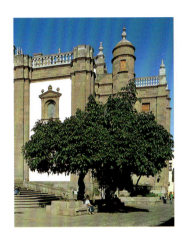

Una de las alas laterales (arriba) y fachada principal (izquierda) de la catedral de Las Palmas, dedicada a Santa Ana. Su construcción tardó más de tres siglos, por lo que se combinan elementos del gótico tardío, renacentistas, mudéjares y neoclásicos.

El histórico barrio de la Vegueta de Las Palmas de Gran Canaria acoge el CAAM, el Centro Atlántico de Arte Moderno. Este importante centro ocupa una mansión del siglo XVIII que fue remodelada en 1986 por el arquitecto Francisco J. Sáenz de Oíza conservando las fachadas originales de estilo neoclásico y el patio canario, en una sabia combinación de tradición y modernidad. Inaugurado en 1989, el CAAM, además de albergar una importante colección permanente de arte contemporáneo, que abarca desde las vanguardias históricas a las últimas tendencias, es un centro de arte destinado a la difusión y al fomento del debate artístico mediante cursos, seminarios, exposiciones temporales y actividades pedagógicas, con la vocación de ser un punto de encuentro de las expresiones artísticas europeas, africanas y americanas. Fue objeto de una segunda ampliación para crear un nuevo espacio expositivo anexo, la Sala de San Antonio Abad, destinada a la difusión de las creaciones plásticas más vanguardistas.

Los rituales de conservación del cadáver, por cuanto los guanches tenían costumbre de embalsamar a los difuntos, y las diversas aplicaciones de la cerámica son otros de aspectos expuestos. En cuanto a la cerámica, resulta admirable la gran variedad morfológica y ornamental de las vasijas expuestas.

Otra plaza muy antigua es la de San Antonio Abad, donde se encuentra situada la ermita del mismo nombre, en la que Cristóbal Colón estuvo rezando antes de embarcarse rumbo al Nuevo Continente. El aspecto actual del templo corresponde a la última de las reformas realizadas, la del siglo XVIII. No lejos de aquí se encuentra la plaza de los Álamos, conocida también como plaza Vieja, con el antiguo hospital de San Martín, del siglo XVI, aunque esta institución se trasladó durante el XVIII a otro emplazamiento.

Abajo, figuras de perros de origen francés, colocadas en 1895, en la plaza de Santa Ana, remodelada antes de esa fecha por Manuel Ponce de León. En torno a ella se levantan importantes edificios civiles y religiosos. A la derecha, ermita de San Antonio Abad, en la plaza homónima. Fue la primera sede diocesana de la isla, y en ella rezó Colón antes de continuar viaje a América.

Lady Harimaguada, una espectacular escultura abstracta de Martín Chirino realizada en hierro forjado, se ha convertido en símbolo de la ciudad de Las Palmas de Gran Canaria.

Dentro del casco antiguo nos encontramos también con la plaza de la iglesia de Santo Domingo. El templo se levantó en el siglo XVI, en el lugar ocupado previamente por la ermita de San Pedro Mártir. En el interior pueden contemplarse varias obras de Luján Pérez, así como una hermosa custodia mexicana del siglo XVIII, de estilo barroco. El resto de la plaza mantiene en lo fundamental el aspecto original del XVI, rematado por la fuente central. El arbolado se añadió a finales del siglo XIX.

Otro monumento de especial importancia histórica que encontraremos en nuestro recorrido es la Casa Museo de Colón. Se encuentra situada en la parte de atrás de la catedral y es una obra arquitectónica de estilo colonial. Sobre el blanco de la fachada destaca la oscura madera de las

La iglesia de Santo Domingo fue construida en el siglo XVI, al igual que la plaza sobre la que se encuentra. La fuente que se ve en primer plano es del siglo XVIII y el arbolado del XIX.

En la avenida Marítima de Las Palmas de Gran Canaria puede contemplarse, desde 1996, la espectacular escultura de Martín Chirino titulada *Lady Harimaguada*. Sus dimensiones de 1.200 por 400 por 600 centímetros dan una idea de la magnitud de esta estructura de hierro forjado pintada de blanco que causa la admiración de cuantos la contemplan por sus dinámicas formas contorneadas. Su promotor dice haberse inspirado en el grupo sedente de las Moiras del tímpano del Partenón de Atenas, y en general, en la tradición artística de la mujer mediterránea sentada, de ahí que los grancanarios le aplicaran el apodo de «lady». Una reproducción a pequeña escala de esta escultura es el galardón que se entrega a los ganadores del Festival Internacional de Cine de Gran Canaria, que se celebra anualmente en la ciudad.

ventanas y balconadas, así como la señorial puerta de entrada. En esta casa permaneció algún tiempo el almirante durante su estancia en las islas. Se conservan aquí numerosos documentos relacionados no sólo con Colón sino con toda la historia de los estrechos vínculos mantenidos entre el archipiélago y las colonias americanas.

Sin salir del casco viejo podemos adentrarnos por las calles de Triana. Pasaremos antes por la plaza Hurtado de Mendoza, o plaza de las Ranas, creada a comienzos del XIX para construir un puente sobre el Guiniguada y que cuenta con dos magníficos quioscos.

Un barrio marinero

El barrio de Triana debe su nombre a los andaluces que allí se asentaron. Originalmente fue un barrio de pescadores, vertebrado alrededor de la calle Mayor. Con la construcción de Puerto de la Luz, se perdió ese particular espíritu marinero y hoy es una vía eminentemente comercial, enmarcada por edificios de estilo modernista.

En este barrio destaca la ermita de San Telmo, del siglo XVI. Tiene planta rectangular y una única nave, con la portada gótico-renacentista. En el interior destaca el retablo y un

Casa Museo de Colón, donde vivió el almirante. Alberga exposiciones sobre los vínculos entre Canarias y las colonias americanas.

artesonado mudéjar. El pirata holandés Van der Does destruyó el templo en 1599 en el curso de un asalto, su reconstrucción se llevó a cabo en la primera mitad del XVII. En la calle Cano, en la parte trasera del barrio, está la Casa Museo Pérez Galdós. En ella destacan el despacho del escritor, su cama y los dibujos originales que sirvieron para ilustrar los Episodios Nacionales.

Otros lugares de interés

La ciudad no se limita a los monumentos y edificios históricos que acabamos de contemplar. Entre los elementos urbanos más destacados cabe mencionar la alameda de Colón. Tuvo su origen en un antiguo convento de las clarisas, demolido en 1836 con motivo de la desamortización de Mendizábal y en cuyo lugar se creó una plaza arbolada, la de Cairasco. Más tarde, cuando se colocó una estatua del almirante, se amplió hasta configurar un paseo, enmarcado con varios edificios nobles, como el Gabinete Literario, la iglesia de San Francisco y varias casas señoriales.

El Gabinete Literario es una asociación cultural fundada en 1844 que ocupa un edificio de rasgos modernistas, en la plaza Cairasco. La iglesia de San Francisco es un antiguo convento fran-

En un edificio de estilo modernista tiene su sede el Gabinete Literario, una asociación destinada a fomentar los valores culturales.

ciscano del siglo XVII que después de la desamortización fue transformado en cuartel. El único elemento original que se conserva es el campanario. En su interior pueden verse varias imágenes de Luján Pérez y el retablo de Nuestra Señora de la Soledad, así como diversas pinturas.

El Pueblo Canario es un centro de turismo compuesto por un conjunto de edificios inspirado en la arquitectura regional canaria, enclavado en los jardines de Doramas. Dispone de un patio central de forma cuadrangular, alrededor del cual se disponen las instalaciones donde se exponen y venden artículos de artesanía canaria, se realizan exposiciones y actuaciones folclóricas. En el patio del Bodegón se encuentra el Museo Néstor, que muestra las principales obras del pintor canario Néstor Martín-Fernández de la Torre (1887-1938).

Merece la pena acudir al Centro Atlántico de Arte Moderno (CAAM), instalado en una casona de la calle de los Balcones rehabilitada por el arquitecto Sáenz de Oiza. Esta institución organiza interesantes exposiciones que comprenden desde el arte de las vanguardias hasta las últimas tendencias y posee una importante colección de arte contemporáneo.

La iglesia de San Francisco era el templo del convento homónimo, convertido en cuartel tras la desamortización.

Ya en las afueras, en el barranco de Guiniguada, se emplaza el Jardín Botánico Viera y Clavijo o Jardín Canario, fundado en 1952, donde se cultivan plantas de la rica flora canaria en fidedignas reproducciones de su hábitat, entre las que destaca una reproducción de la laurisilva. De las 600 especies aproximadamente que son exclusivas del archipiélago canario, las únicas

Grancanario de nacimiento, Néstor Martín-Fernández de la Torre es uno de los grandes exponentes del simbolismo español, corriente en la que se inscriben algunas de las obras que pueden admirarse en el museo, entre ellas *Epitalamio* y el *Niño Arquero*. Después de un largo período de ausencia, el artista regresó a Gran Canaria en la década de 1930 y se puso al frente de un movimiento, denominado tipismo, destinado a difundir la idiosincrasia de las islas Canarias. En la sala de honor se exhibe su colección de retratos, y uno de los dos salones anejos acoge la colección de óleos con paisajes costumbristas titulada *Visiones de la isla*. La planta superior se reserva para las dos colecciones que componen el *Poema de la Tierra*, y allí se muestran también los bocetos y estudios de flora canaria realizados para esta obra.

que faltan en este jardín son las plantas de las zonas costeras, que no podrían prosperar a más de 200 metros, la altitud a la que se encuentra este lugar. El enclave botánico se sitúa dentro del paraje protegido de Pino Santo. Caminos y plazas construidos con materiales oriundos de las islas Canarias y decorados con fuentes y esculturas conducen a las diversas instalaciones del Jardín Botánico. Sólo en dos de ellas, el jardín de suculentas y los invernaderos, pueden verse especies de lugares distintos a Canarias. En el centro de la ciudad, uno de los espacios más concurridos es el parque de Santa Catalina, cerca del puerto, donde se celebran los actos principales del famoso Carnaval.

El parque Doramas es uno de los pocos espacios verdes de Las Palmas. Sus jardines ofrecen una excelente muestra de la flora endémica insular. En su recinto se levanta el Pueblo Canario, un centro turístico inspirado en la arquitectura tradicional del archipiélago.

Ocio y festejos

Un lugar muy concurrido durante todo el año es la playa de las Canteras, de unos tres kilómetros de longitud y doradas arenas, a lo largo de la cual discurre un paseo jalonado de restaurantes, bares, terrazas y hoteles. En uno de los extremos de este paseo se encuentra la plaza de la Puntilla, con una escultura móvil de César Manrique, y en el otro se alza el auditorio Alfredo Kraus, obra del arquitecto Óscar Tusquets. Es un edificio de llamativa arquitectura contemporánea, que su creador concibió a finales del siglo XX a modo de faro erguido sobre la playa de las Canteras. Su carácter de recinto abierto al Atlántico llega incluso al interior de la sala principal, donde un inmenso ventanal permite contemplar el océano mientras se asiste a los espectáculos. El Auditorio es la sede de la Orquesta Filarmónica de Gran Canaria y del Gran Canaria Ballet, y acoge en su recinto el Palacio de Congresos de Canarias.

Para quien desee ir de compras, la zona comercial de Mesa y López es el lugar adecuado, con infinidad de comercios y grandes almacenes distribuidos por toda el área. Diferentes centros comerciales se distribuyen por otros tantos barrios, como el del muelle de Santa Catalina. Los deportes náuticos revisten especial importancia en la oferta de ocio de la ciudad, destacando el Real Club Náutico y el puerto deportivo de Las Palmas. El buen clima que goza el archipiélago durante todo el año propicia las fiestas al aire libre, y la capital canaria ofrece un gran número de estos eventos.

Vista nocturna de la zona portuaria desde el castillo de San Francisco. El Puerto de la Luz destaca por su intenso tráfico comercial, así como por ser escala obligada para los barcos en sus rutas transoceánicas.

El arquitecto Ócar Tusquets proyectó el auditorio Alfredo Kraus, erigido en uno de los extremos de la plaza de la Puntilla. Es la sede de la Orquesta Filarmónica de Gran Canaria y del Gran Canaria Ballet.

La lista podría encabezarse con los Carnavales, de gran colorido y masiva participación popular. Aunque tienen menos fama que los de Tenerife, constituyen un espectáculo digno de ver. La fundación de la ciudad se celebra el 24 de junio, fiesta de San Juan, con lo que las hogueras y los fuegos artificiales propios de esta festividad confieren brillantez a la conmemoración de aquel hecho histórico.

También es muy popular el Corpus Christi. Una solemne procesión recorre las calles del barrio de Vegueta, engalanadas con vistosas alfombras de flores que se elaboran cada año para el evento. Durante el verano y comienzos del otoño tienen lugar numerosos festejos, entre ellos, por orden cronológico, los de la Virgen del Atlántico (16 de junio), la Virgen Blanca (9 de julio), Nuestra Señora del Carmen (16 de julio), San Lorenzo (10 de agosto), la Virgen de los Dolores (9 de septiembre), la Virgen del Rosario (30 de septiembre) en Vegueta, San Francisco (4 de octubre) y Nuestra Señora del Pilar (12 de octubre).

Platos típicos

Para terminar el recorrido, el visitante puede descansar en alguno de los muchos restaurantes de la ciudad y disfrutar de la gastronomía canaria. En ella se mezclan ingredientes muy diversos, procedentes sobre todo de Andalucía, Portugal y de Hispanoamérica. Originales combinaciones surgieron de aplicar las viejas recetas europeas a los distintos guisos que fueron llegando de las cálidas tierras americanas. Junto a todo ello, los pescados de las aguas circundantes proporcionan una excelente materia prima, en la que destacan especies como la vieja y el cherne, parecido al mero.

Un elemento característico de la cocina canaria es el gofio, de origen guanche y consistente en harina tostada, inicialmente de trigo pero que después del descubrimiento de América se prepara también con harina de maíz. Sirve de acompañamiento a infinidad de platos, lo mismo que el mojo, ya sea rojo o verde. Las papas desempeñan igualmente un papel preponderante en estos fogones, destacando las «papas arrugadas», patatas con piel cocidas en agua con gran cantidad de sal. Potajes, arroces y guisos completan la carta.

El plátano canario, que procede de una variedad enana, es muy gustoso y se consume lo mismo como fruta fresca que frito para acompañar al arroz. Entre los postres más populares se cuenta el bienmesabe, una deliciosa crema preparada con yema de huevo, canela y almendras.

Fuerteventura

Fuerteventura es la segunda isla en extensión del archipiélago y también la menos accidentada, puesto que su máxima cota se alcanza a los 807 metros, en el Risco de Jandía, lo que le ha valido el nombre de Isla Plana, o Planaria como se conocía en la Antigüedad. Fue la segunda isla del archipiélago a la que llegó Juan de Bethencourt, y junto con Gran Canaria, una de las que mayor resistencia opusieron a los conquistadores. Las *Crónicas de la conquista de Canarias* narran la

Imagen de Santa Ana, patrona de Las Palmas. Su fiesta, del 26 al 28 de julio, una de las principales de la ciudad, culmina con una procesión.

resistencia de los aborígenes frente a los españoles con estas palabras: *«Embarcóse el Señor Monsiur Jhoan de Betancurt con su gente y navegaron la vuelta de Fuerte Ventura donde surjeron [atracaron] echando su gente en tierra. Es isla mayor que la de Lanzarote y de más gente y tiene muchas fuentes de agua buena de que beben los moradores y sus ganados (...) Tardó en la conquista de esta isla más tiempo que en la pasada, porque había en ella más gente y que se defendían valerosamente y pretendían antes morir que rendirse. Al fin, visto su pleito mal parado y que los nuestros los traían a mal andar, como dicen, determinaron de darse con libertad como se dieron y fueron todos cristianos y enseñados en la doctrina cristiana, y se hizo luego iglesia a donde iban a oír los divinos oficios».*

Entre los muchos aspectos de las *Crónicas de la conquista de Canarias* que resultan sorprendentes, hay dos que llaman particularmente la atención. Por un lado, la rapidez con que, al parecer, los guanches hicieron suya la fe cristiana, y por otro, el hecho de que algunos de ellos, inmediatamente después de la conquista de la isla en la que vivían, se unieran a la expedición de Bethencourt para partir al abordaje de las tierras que aún no se habían incorporado a la Corona española. A menudo, el cronista hace constar esta circunstancia al relatar que Bethencourt llevó consigo a los más dispuestos. En ningún momento se menciona si se hizo por la fuerza o con carácter voluntario.

En algunas zonas de Fuerteventura, la costa ofrece playas de arenas negras, como en el municipio de Tuineje. En la costa oeste de Fuerteventura está el pequeño pueblo marinero de Ajuy, célebre también por la cercanía de unas espectaculares cuevas naturales.

Paisajes áridos y desérticos, la fuerza del viento, un mar de aguas claras y encantadoras villas marineras dedicadas a la pesca, como La Lajita, en Pájara, singularizan la isla de Fuerteventura.

Una isla de espaldas al alisio

Fuerteventura se diferencia de la mayoría de las restantes islas en que la mayor parte de sus 265 kilómetros de costa constituye un litoral bajo, en el que abundan magníficas playas de arena blanca y a menudo con dunas, como la de Corralejo en el norte, la de Barlovento al sur, o la de Sotavento también al sur, entre las más de 150 con las que cuenta Fuerteventura.

La escasa altitud de la isla y su forma alargada, en la misma dirección de los vientos alisios, hacen que apenas se produzcan lluvias, por lo que el clima es de gran sequedad, con períodos de sequía que pueden prolongarse por espacio de varios años. Esta climatología ejerce una gran influencia sobre el tipo de vegetación que puede crecer en estas tierras, que suele reducirse al matorral espinoso seco y a las palmeras y los tarays como únicos representantes arbóreos. A pesar de ello, su flora, de una gran variedad e importancia biológica, conserva especies originarias de la era Terciaria. Posee también una fauna de gran interés científico, en la que sobresalen los invertebrados y escasean los vertebrados, salvo las aves.

Debido a la escasez de recursos hidráulicos, la agricultura es de secano, con cultivos de trigo, cebada y maíz, alfalfa y hortalizas. El ganado se limita a especies muy resistentes, como las cabras y los camellos. La pesca está algo más desarrollada, pero se practica con pequeñas embarcaciones y artes tradicionales. La actividad industrial es también muy escasa, mientras que el turismo ha cobrado una importancia creciente. La población asciende a unos 100.000 habitantes, conocidos comúnmente como majoreros, gentilicio que deriva del reino guanche existente en la isla antes de la llegada de los españoles.

Los molinos de viento (izquierda, de La Alcogida y derecha, de La Antigua), introducidos en la isla entre finales del siglo XVIII y principios del XIX, constituían una fuente de energía para la molturación de granos, pues Fuerteventura era el granero de Canarias. En la actualidad están siendo rehabilitados para uso turístico o como centros de ocio.

Justo en el centro de La Oliva se alza la parroquia de Nuestra Señora de Candelaria, una bonita iglesia del siglo XVII de estilo tradicional canario. Sobresale la torre cuadrada, de cantería oscura, que ejercía de campanario y también de atalaya y vigía.

Entre las tranquilas callejas empedradas y los huertos con palmeras de la histórica villa de Betancuria se perfila la silueta de la iglesia-catedral de Santa María. Erigida inicialmente en estilo gótico-normando, fue reconstruida a finales del siglo XVII, aunque conserva algunos elementos originales como el campanario.

Además de la capital, Puerto del Rosario, la isla cuenta con otras poblaciones de interés, como Betancuria, cuyo nombre hace honor a Juan de Bethencourt, el primer europeo que exploró Fuerteventura y se estableció en tierras del interior para evitar los ataques de los piratas. También tiene áreas residenciales de uso turístico, como la península de Jandía, en el sur, con un pequeño puerto pesquero, y Corralejo, que es el principal destino turístico de la isla, con un gran número de urbanizaciones. Su principal atractivo son las playas respaldadas de dunas y los fondos marinos, que atraen a numerosos submarinistas.

Puerto del Rosario, una ciudad con encanto

Puerto del Rosario es la capital económica y administrativa de la isla, con una población de unos 35.000 habitantes. La ciudad se fundó en 1797 y el primer Ayuntamiento se constituyó en 1835. Posee el único puerto importante de la isla, por lo que centraliza la mayor parte de las actividades pesqueras y las comunicaciones mediante transbordadores con el resto del archipiélago. Dispone también de aeropuerto.

El aislamiento y su escaso poblamiento facilitaron que en muchas ocasiones se desterrara aquí a disidentes políticos o personalidades molestas para el régimen de turno. Uno de los más ilustres fue Miguel de Unamuno, a quien el general Primo de Ribera confinó en la isla en febrero de

1924. Residió en una casa utilizada como fonda y durante su estancia escribió *De Fuerteventura a París*, publicada en 1925. La casa es un ejemplo típico de la arquitectura canaria de principios del siglo XX. Consta de un zaguán de entrada y un patio central al que se abren las habitaciones y dispone de un aljibe destinado a recoger el agua de las escasas lluvias.

En 1983 el Cabildo Insular de Fuerteventura adquirió esta casa y en 1995 la abrió al público como museo. En él se muestra el ambiente de una vivienda de esa época, así como la mesa de despacho y la cama que utilizó Unamuno, libros y fotografías de personas relacionadas con él durante su estancia en la isla.

Una panorámica de Puerto del Rosario, en la que destaca su paseo Marítimo. Es el centro administrativo, comercial y de servicios de la isla, y su principal puerto comercial y pesquero.

Lanzarote, la isla de César Manrique

La isla de Lanzarote tiene una superficie de 862 km^2 y una altura máxima de 671 metros, y comprende administrativamente también las islas menores de La Graciosa, Alegranza y Montaña Clara, y un par de islotes. La actividad volcánica ha sido constante y ha modelado el paisaje de la isla. Después de la llegada de los españoles, las erupciones volcánicas más importantes tuvieron lugar en la década de 1730 y en 1824, y de ambas existen crónicas detalladas.

La descripción de las primeras erupciones volcánicas se deben al párroco de Yaíza, Andrés Lorenzo Curbelo, mientras que la noticia de la erupción de 1824 apareció publicada en La Gaceta de Madrid: *«El 29 de agosto último en el puerto de Arrecife y sus alrededores se sintió un temblor de tierra, que se hizo más temible en la noche. El día siguiente se aumentó su fuerza, acompañada de ruidos subterráneos: la misma noche fue todavía más cruel, pues éstos se aumentaron y extendieron, causando un espanto general en todos los habitantes de las aldeas inmediatas, que huían de sus casas sin saber adónde. El 31 a las siete de la mañana, en medio de tanto ruido y temblor, reventó un volcán a una legua del puerto de Arrecife, y media del monte llamado Faya: por su cráter vomitó terribles llamas, que iluminaron toda la isla, y piedras de un volumen extraordinario hechas ascua, y en tan prodigiosa cantidad, que en menos de veinticuatro horas formó su reunión una montaña bastante grande. Esta erupción duró hasta las diez de la mañana del 1 de septiembre, en cuya hora cesó del todo, y pareció que se había cerrado el volcán, no quedando más que algunas grietas por donde salía un humo espeso que oscurecía todos los alrededores. El día siguiente por la mañana se formaron tres columnas de humo, cada una de su color diferente: una blanca del todo, otra negra, y la que se vio más distante parecía encarnada. Todavía arde el volcán en la extensión de una media legua de longitud y un cuarto de latitud; y la montaña que se ha formado de nuevo está inaccesible, y no presenta lavas en ninguna dirección. El 3 de septiembre todo permanecía en el mismo estado, habiéndose secado muchos pozos y cisternas».*

Antesala del sobrecogedor paraje del parque nacional de Timanfaya, Yaiza es una hermosa población de pintorescas callejuelas y casas encaladas con el encanto de la arquitectura tradicional canaria.

Al norte de Lanzarote está la pequeña isla de La Graciosa, que forma parte del Parque Natural del Archipiélago Chinijo. Definen su paisaje los conjuntos volcánicos y unas playas paradisíacas.

La escasez del agua ha sido un denominador común, con la consiguiente ausencia casi total de árboles, salvo en las áreas urbanas. Ello no obsta para que la isla disfrute de unos paisajes de insuperable belleza y de un medio natural preservado en gran medida de la especulación propiciada por el turismo. La dureza tradicional del medio ha hecho que el poblamiento haya sido escaso, ascendiendo el número de sus habitantes a algo más de 140.000 a principios del tercer milenio, cerca de la mitad de los cuales residen en la capital.

Buena parte del buen estado de conservación de la isla se debe a la labor incansable del pintor César Manrique (1919-1992), nacido en Arrecife, que completó sus estudios en la Academia de San Fernando en Madrid. Tras una estancia en Nueva York, donde consiguió grandes éxitos con sus obras, en 1968 regresó a su isla natal con el deseo de preservar y realzar su salvaje belleza. Desde ese momento luchó por evitar que hasta aquí llegara la degradación ambiental que se había adueñado de otros muchos lugares, y consiguió que las nuevas edificaciones se adaptaran al paisaje.

Una historia escasamente documentada

Lanzarote es también una de las islas con menos referencias históricas a su pasado, debido en parte a la actividad volcánica que ha destruido muchos de los vestigios de épocas anteriores. Estuvo habitada por los majos, un pueblo aborigen que desapareció poco después de la llegada de los primeros colonizadores. Vivían en casas de habitaciones redondas, unidas mediante galerías que formaban un triángulo, y con una de ellas al aire libre.

El primer europeo que visitó la isla fue el genovés Lancilotto Malocello en el siglo XIV, de quien proviene el nombre con el que se la conoce, y Juan de Bethencourt la conquistó en 1402. Fue la primera isla a la que llegó la expedición enviada por la Corona de Castilla, tal como se recoge en las *Crónicas de la conquista de Canarias*: «*Embarcose y hizo a la vela en el puerto de Sanlúcar de Barrameda, y al cabo de quince días de navegación aportaron a la isla de Lanzarote, donde mandó surgir [atracar] y saltó en tierra con su buena gente. Es isla pequeña y algo falta de agua que de las lluvias en cisternas y charcos se proveen para beber en el verano ellos y sus ganados que son puercos y cabras que es la carne con que se mantienen y con mucha leche y manteca y cebada que tostaban y molían, la cual amasaban con leche y cocina y otras con agua y sal, y éste era su pan cotidiano, la qual harina llamaban gofio. Su traje eran zamarros hechos de cuero sobado, y sus armas eran piedras y palos tostados, los cuales moradores se llamaban mahoreros. Era gente amorosa y bien partida, rindiéronse con libertad y fueron cristianos*».

En el lenguaje primitivo y sencillo en el que están escritas las *Crónicas*, se van recogiendo sin pretensiones didácticas ni de exhaustividad los usos y costumbres de los aborígenes en el momento de la conquista. Resulta muy interesante el panorama que el lector se puede forjar sobre la vida y el talante de esos pueblos después de haber leído los diversos comentarios acerca de

Profundos cráteres, rocas fantasmagóricas, mares de lava petrificada y una paleta de colores cambiante configuran el paisaje inolvidable, de una belleza sobrecogedora, del parque nacional de Timanfaya.

Con ingenio y paciencia, los agricultores del valle volcánico de La Geria, en Lanzarote, excavaron para encontrar tierra arable y cultivar la vid, creando una especie de hoyas cubiertas con una capa de grava volcánica y unos muretes semicirculares que las protegen del viento.

las distintas islas. A continuación, el texto de las *Crónicas* explica que se construyó una iglesia, así como una torre de piedra y barro, y que Juan de Bethencourt dejó en la isla a un sobrino suyo como alcaide, mientras él partía a la conquista de la vecina Fuerteventura.

Lanzarote fue colonizada lentamente y son escasos los datos disponibles sobre su desarrollo. En septiembre de 1730 comenzó un largo período de erupciones volcánicas que se prolongó hasta 1736, y el suelo de la isla quedó prácticamente inutilizable para la agricultura, lo cual obligó a sus escasos habitantes a ingeniárselas con nuevas técnicas para obtener su alimento. Fruto de ellas es la práctica de cultivos en el interior de pequeños vallados de roca, en cuyo centro la tierra volcánica acumula algo de humedad, la suficiente para el desarrollo de la planta. Hasta 1852 la capital fue Teguise, pero la construcción del puerto de Arrecife desplazó hasta allí la actividad económica y finalmente también la administración local.

La agricultura y la pesca han sido las actividades tradicionales a las que se dedicaban los habitantes de Lanzarote, aunque en la actualidad el turismo constituye el principal recurso económico. La isla cuenta con uno de los parques nacionales más singulares de España, el de Timanfaya, creado en 1974, que comprende una amplia superficie de territorios de origen volcánico y más de 25 volcanes.

Arrecife, la capital

Marcada por el mar y por siglos de resistencia a los ataques piratas, Arrecife, la capital de Lanzarote, es la base imprescindible para recorrer y conocer una isla de particular belleza, de naturaleza casi virgen y declarada Reserva de la Biosfera por la Unesco en 1993.

Arrecife, poblada por unos 60.000 habitantes, se encuentra situada en la costa de levante. Es una ciudad moderna pero tranquila, con amplios paseos rodeados de árboles, que conserva algunos monumentos de la época anterior a su desarrollo urbanístico. El puerto es su principal motor económico. Uno de los monumentos más emblemáticos de la urbe es el castillo de San Gabriel, construido en 1573, inicialmente de madera y con algunas piezas de artillería, pero modificado en 1591 por Leonardo Torriani para protegerlo con una muralla, reforzarlo con muros de piedra y dotarlo de un puente levadizo. Se erige en un pequeño islote frente a la ciudad.

Posterior es el castillo de San José, construido entre los años 1776 y 1779 para completar la defensa de Arrecife. Se levanta sobre un cantil de 70 metros que permite dominar la entrada del puerto y tiene forma semicircular. La puerta principal dispone de un foso y un rastrillo levadizo. Gracias a la labor de César Manrique, la fortaleza se transformó en el Museo Internacional de Arte Contemporáneo, donde se exponen obras del pintor y de otros muchos artistas.

El Museo Internacional del Arte Contemporáneo de Arrecife está instalado en el castillo de San José. La fortaleza fue construida en el siglo XVIII a efectos de complementar las otras defensas de la ciudad, en particular la establecida en el castillo de San Gabriel.

Un quiosco en el paseo Marítimo de Arrecife, ciudad muy marcada por la presencia del mar.

Uno de los lugares emblemáticos del casco histórico de Arrecife es el Charco de San Ginés, una lengua de mar que penetra en la ciudad, conformando una hermosa estampa con las blancas casitas de pescadores y la antigua ermita de San Ginés.

La iglesia de San Ginés, hoy reconstruida en el barrio de la Vega, tuvo sus orígenes en una ermita cercana a la actual Arrecife.

En Teguise, antigua capital de la isla, se levanta la iglesia de Nuestra Señora de Guadalupe, saqueada y devastada en varias ocasiones por los piratas, y muy dañada estructuralmente por un incendio ocurrido a principios del siglo XX.

En el centro de la ciudad puede contemplarse la iglesia de San Ginés, que fue inicialmente una ermita levantada en 1574. Después de una inundación en 1665 que la destruyó casi por completo, se reconstruyó, y más tarde fue objeto de diversas ampliaciones que culminaron en 1842 con la construcción de la torre. Sin embargo, poco tiempo después, en 1865 fue necesario cerrarla debido al estado ruinoso en que se hallaba. Tras desplomarse parte del techo, entre 1986 y 1989 se procedió a su restauración.

Un breve recorrido por la isla

Vale la pena visitar la antigua capital, Teguise, situada al norte de Arrecife, en el interior de la isla. Cuenta hoy con cerca de 20.000 habitantes y conserva en buen estado su estructura antigua, con casonas señoriales y calles bien empedradas. Merece la pena visitar la iglesia de San Miguel, situada en la plaza principal, con la fachada blanca en la que destaca una puerta de piedra oscura, y con la torre de cúpula redonda. A la entrada de la población se encuentra el castillo de Santa Bárbara, donde está instalado el Museo del Emigrante Canario. La belleza natural de la isla hace que recorrerla se convierta en una experiencia inigualable. Una de las visitas obligadas es la del parque nacional de Timanfaya, que puede hacerse a lomos de un camello a través de un paisaje casi lunar. Resulta también imprescindible acudir a los Jameos del Agua, en la costa noroccidental. Se hallan al extremo de un tubo volcánico que une la Cueva de

A la izquierda, amplia piscina de aguas de color turquesa a la salida hacia el Jameo Grande, integrada con el entorno convertido en un espléndido jardín con especies tropicales que armoniza con la roca volcánica. Abajo, exterior de la Fundación César Manrique, el pintor que luchó incansablemente contra la degradación ambiental de la isla.

los Verdes y el volcán de La Corona al mar y consisten en aberturas del terreno que se formaron a raíz de la última erupción del volcán. César Manrique transformó este conjunto de cuevas en un insólito escenario donde destaca una laguna interior de agua salada, en la que viven unos cangrejos albinos y ciegos. Se trata de una especie endémica de la isla, de origen marino pero adaptada a la vida en las cuevas. El complejo cuenta con un auditorio, una piscina, un restaurante y una sala de exposiciones donde se puede visitar una interesante exposición sobre vulcanismo.

Antes de dejar la isla, hay que mencionar los dos principales centros turísticos, Puerto del Carmen y Costa Teguise, en los que se aloja la mayoría de los visitantes que acuden de vacaciones. Se trata de complejos urbanísticos con todo tipo de servicios, diseñados en armonía con el entorno.

La Fundación César Manrique ocupa la casa-estudio del célebre artista canario en Taro de Tahiche. Manrique levantó una extensa finca sobre una colada de lava creada por las erupciones volcánicas del siglo XVIII, integrando el edificio en cinco burbujas volcánicas que se fusionan con el espléndido paraje natural gracias al empleo del basalto negro y del encalado típico isleño. El recorrido por el museo permite admirar las dos colecciones fundamentales, una de arte contemporáneo, formada por obras de artistas de su generación, y otra representativa del trabajo de Manrique, a las que se une un pequeño espacio destinado al arte canario.

melilla•ceuta y melilla•ceuta y melilla

3. Ceuta y Melilla

Ceuta
europea y africana

Situada en el norte de África pero apenas alejada 14 kilómetros del puerto de Algeciras, en Andalucía, Ceuta es una ciudad de múltiples contrastes entre la tradición hispánica y las indudables influencias árabes, palpables en buena parte de su población. Es una urbe española enclavada desde hace siglos en un continente distinto de Europa, en el que constituye el extremo del puente imaginario que salvaría el estrecho de Gibraltar poniendo en comunicación África con Europa. A falta de dicho puente, los barcos unen de continuo los dos extremos en que debería apoyarse, si existiera, transportando sin cesar personas y mercancías de un lado a otro del estrecho.

Abrigo natural de un brazo de mar de aguas turbulentas, Ceuta es un enclave polifacético como pocos en el mundo. Aquí se mezclan las aguas del océano Atlántico con las del mar Mediterráneo, definidoras de dos universos distintos, y conviven culturas europeas y africanas, amén de las distintas tradiciones que aportan sus variopintos pobladores, procedentes del mundo árabe, pero también judío o hindú, y por supuesto, español.

Al aprender a convivir con respeto, todas estas gentes han creado un entorno pacífico y cosmopolita que constituye, sin duda, uno de los atractivos de la ciudad autónoma. Su agradable clima y sus excelentes playas se suman a los atractivos de esta ciudad peculiar, que ofrece como principales vestigios monumentales sus fortificaciones militares. A menos de una hora de Tetuán o de Tánger, Ceuta es asimismo un buen punto de partida para adentrarse en el territorio marroquí

En la doble página anterior, vista general de Ceuta, que permite apreciar las características topográficas de la zona.

En la página izquierda, la plaza de los Reyes, símbolo de la moderna ciudad. En esta urbe tranquila y sosegada conviven culturas europeas y africanas.

Las características geográficas de Ceuta y, en especial, su atractiva posición estratégica como guardiana del estrecho y como puerta española de África, determinaron las turbulentas vicisitudes históricas de esta ciudad esencialmente marítima.

y conocer las históricas ciudades de este país tan cercano y lejano a la vez. De hecho, los intercambios con Marruecos son consustanciales en este paraíso de las compras, donde un régimen fiscal especial permite vender a unos precios increíbles.

Una ciudad blanca y luminosa

El visitante que llega a la ciudad se encuentra ante una pequeña urbe tranquila y sosegada, abierta a las azules aguas del mar, pero que bajo su aparente quietud esconde una larga y agitada historia. El territorio de la ciudad autónoma de Ceuta se extiende sobre una superficie de 18,5 km² y abarca un perímetro de 28 kilómetros, formando una estrecha península que se abre al Mediterráneo por levante y al Atlántico por poniente. Aunque de reducidas dimensiones, el conjunto despierta la impresión de una fortaleza, que culmina en el monte Hacho, de 345 metros de altura.

Cabe distinguir cuatro partes principales. Una la constituye el monte Hacho y su entorno. Separada de él por un valle está La Almina, que es una península. En la zona continental se encuentra El Campo, donde radica la expansión urbana. El centro, por último, es un istmo delimitado al este por el foso de La Almina, que está seco, y al oeste por el Real, que es navegable. Es la ciudad antigua, donde se establecieron los primeros pobladores y que fue creciendo con el curso de los siglos como lo atestiguan sus dos murallas, una al norte y la otra al sur. Residen aquí unos 80.000 habitantes.

Ceuta ofrece óptimas condiciones para el turismo, tanto por su benigno clima como por sus magníficas playas sobre el Mediterráneo y el Atlántico. La más grande y más popular es la del Chorrillo.

La leyenda afirma que en este lugar se apoyaba una de las columnas que le servían a Hércules para sujetar la Tierra, personalizada en el monte Hacho y que Homero denominaba Caribdis, mientras que la otra estaba en Gibraltar. El nombre de este semidiós romano deriva del griego Heracles, un héroe mitológico célebre por su fuerza y sus proezas, al que los dioses del Olimpo otorgaron la inmortalidad.

Puesto que el mundo más allá de las aguas occidentales del Mediterráneo finalizaba abruptamente, perdiéndose en una cascada que conducía al vacío, el emplazamiento actual de Ceuta era un lugar que para aquellos pretéritos navegantes que se aproximaban hacia el Atlántico, donde sus naves se perderían irremediablemente, resultaba apropiado para que allí el poderoso Hércules hubiera levantado esas columnas con las que sujetar nuestro planeta. El mito ha perdurado hasta nuestros días, aunque la ciudad es hoy un magnífico balcón abierto al intenso tráfico marítimo que atraviesa el estrecho de Gibraltar.

De la leyenda a la historia

El general cartaginés Amílcar Barca (270-229 a.C.), padre de Aníbal, luchó con éxito contra los romanos durante la primera de las guerras Púnicas y llegó con sus naves a Ceuta, convirtiéndose así en el primer personaje real que introdujo a la ciudad en el curso de la historia. En esta época aparece ya citada en crónicas y relatos, tanto de los cartagineses como de los griegos.

La larga pugna entre Cartago y Roma acabó con la victoria de esta última, que ensanchó así su Imperio por el Mediterráneo occidental. La amplia bahía que se extendía a los pies del monte Hacho sirvió de fondeadero para los mercaderes romanos, que establecieron allí factorías donde se preparaban salazones con la abundante pesca que se capturaba en sus aguas. El floreciente puerto de Ceuta se convirtió de este modo en un activo punto de exportación hacia la metrópolis, tanto para los productos elaborados allí mismo como para los procedentes de otros muchos lugares del norte del continente africano.

Cuando el poderío de Roma se vino abajo y comenzaron las invasiones que transformaron el Imperio, los ricos asentamientos de los comerciantes fueron atacados por los vándalos, en una primera oleada, y más tarde por los visigodos. Pero ninguno de estos pueblos prestó especial atención al desarrollo de lo que habían encontrado ya construido.

La situación cambió en el año 534. En esa época llegaron tropas procedentes de Bizancio y establecieron allí definitivamente una urbe, a la que dieron el nombre de Septon. Ceuta adquirió así el rango de ciudad y como tal hubo de protegerse, por lo que se construyeron las primeras fortificaciones. Como reflejo de esta mayor importancia, se levantó también una basílica y se nombró un obispo propio.

Testigo mudo de la historia del litoral ceutí, de los asedios, las conquistas y las gloriosas batallas, son las torres vigía. Se trata de construcciones magníficas, de singular factura, que se erigen orgullosas en un paisaje de gran belleza.

Vista parcial de Ceuta desde el mar, en el sector del paseo Marítimo de Poniente. Los cartagineses, capitaneados por Amílcar Barca, fueron los primeros personajes reales vinculados a la historia de la ciudad.

La llegada del islam

La rápida expansión del islam hizo que en pocos años todo el norte de África fuera quedando bajo la influencia de los seguidores de la nueva religión. Hacia el año 709, las aguerridas tropas musulmanas llegaron a esta punta norteafricana tan próxima a Europa y, tras derrotar a los cristianos, iniciaron su preparación para atravesar, dos años después, el estrecho de Gibraltar e invadir la Península.

De esta época data la leyenda del conde don Julián. Al parecer, este noble, que era el gobernador de la zona del Estrecho, entabló negociaciones con Musa ben Nusayr, el emir del norte de África, para invitarle a invadir la Península y de este modo vengarse del rey Rodrigo, que había violado a su hija.

En cualquier caso, la llegada de los musulmanes fue ya imparable, pero lejos de la uniformidad que algunos historiadores quieren darle al proceso, supuso una constante lucha por el poder entre las distintas facciones y etnias que constituían el heterogéneo ejército, unido sólo bajo la bandera de una religión común. Buena prueba de esta azarosa historia nos la da el año 740, en que la ciudad fue asaltada y arrasada por los ejércitos enviados desde Damasco por el califa. Tras la reconstrucción, Ceuta quedó bajo el dominio de la dinastía de los Idrisíes.

Algo menos de un par de siglos después de la invasión desde el califato de Damasco, la ciudad pasó a quedar en 931 bajo el dominio del califato de Córdoba, creado en 929 por los Omeya, por lo que de este modo dependía ya de los gobernantes de la Península.

Esta panorámica nos permite apreciar el soberbio conjunto ceutí de las Murallas Reales, inexpugnable conjunto fortificado de los siglos XVI y XVIII, la catedral de Santa María de la Asunción y el Parador Nacional de Turismo.

Hubo un breve período de autogobierno, entre los años 1061 y 1084, cuando se constituyó como taifa independiente, Sebta. La invasión de los almorávides, un pueblo beréber, puso fin a esta etapa y también el establecimiento de la corte de Yusuf ben Taxufin.

Hacia 1140 llegaron los almohades, que poco después protagonizaron la última de las invasiones musulmanas en la Península, y cuyo dominio comenzó ya a declinar cuando fueron derrotados en 1212 en la batalla de las Navas de Tolosa. No obstante, la nueva situación supuso un impulso al desarrollo de la ciudad, en la que junto a la población musulmana ya se había asentado un número creciente de mercaderes procedentes de la Península y de otros lugares de Europa, así como una próspera comunidad judía. Esos años estuvieron marcados por distintos episodios, alternándose los períodos en los que la tolerancia permitía una pacífica convivencia, y otros en los que la población musulmana atacó a las comunidades judía y cristiana.

En 1231, los gobernantes almohades se sometieron al rey de Murcia, pero al año siguiente y hasta 1237 se declararon de nuevo independientes. Más tarde y durante buena parte del siglo XIV, fueron estableciendo efímeras alianzas con distintos monarcas, unas veces del norte de África y otras de la Península, en particular con los reyes cristianos del reino de Aragón. Esta debilidad política fue acompañada de un paulatino declive social y económico, lo que propició las amenazas cada vez mayores provenientes de los reinos cristianos.

La Ceuta portuguesa y española

Los almohades, inmersos en disputas locales y con sus vecinos, fueron incapaces de impedir que los ejércitos cristianos dirigidos por Juan I de Portugal tomaran la ciudad el 21 de agosto de 1415. De este modo, Ceuta quedó incorporada a los dominios portugueses.

Los monarcas lusos ya habían puesto sus miras en este enclave, que controlaba el paso del Estrecho y desde el que podían luchar eficazmente contra los piratas norteafricanos, que por aquellos años constituían un peligro permanente para el comercio. La ciudad sirvió también de puente para el tráfico comercial con el interior de África.

El día 2 de septiembre de 1415, la ciudad comenzó un nuevo derrotero, creándose las bases para su desarrollo futuro. El gobernador de la plaza, don Pedro de Meneses, designado como tal por Juan I, organizó la defensa y la política y creó también las instituciones básicas que la convirtieron definitivamente en una urbe europea. Durante estos años se construyeron muchos de los monumentos que hoy se pueden visitar, como hospitales, ayuntamiento, la catedral, iglesias, etc.

El actual escudo de la ciudad tiene su origen en aquella época, pues toma sus rasgos del pendón real del infante don Enrique, que fue el gran maestre de la orden de Cristo, la encargada de la defensa. Las fortificaciones se ampliaron y dentro de las murallas se acantonó una población formada por nobles, militares, religiosos y artesanos.

Detalle de una puerta de la muralla, con escudo en su parte superior. En el siglo XVI se definió la pertenencia de Ceuta a España y la retirada de Portugal, aunque persistió la permanente amenaza de los reyes musulmanes norteafricanos.

Ceuta se convirtió durante estos años en una avanzadilla de los territorios ultramarinos de lo que sería el Imperio luso. El dominio portugués finalizó en 1580, después de que dos años antes muriera el rey Sebastián en la batalla de Alcazarquivir. Desde ese año pasó a la tutela española bajo Felipe II. No obstante, mantuvo sus prerrogativas y régimen especial que ambos países, unidos durante años por la misma casa real, procuraron salvaguardar frente a las amenazas exteriores.

Con motivo de la política de Felipe IV, los portugueses se sublevaron y el duque de Braganza asumió el liderazgo de la resistencia frente a la monarquía española, nombrándosele rey de Portugal con el nombre de Juan IV. Ante la opción de quedar bajo la soberanía de una de las dos coronas, en 1540 Ceuta optó por la de Castilla, pero conservando sus libertades. Esta situación especial quedó corroborada años después, en 1668, cuando ambos países firmaron un tratado de paz que ponía fin a esa etapa de incertidumbre.

Los distintos monarcas norteafricanos supusieron una constante amenaza para la ciudad. Cabe destacar la declaración de cerco que dictó Muley Ismail en 1694 y que mantuvo a Ceuta aislada por tierra hasta 1727, aunque con sus comunicaciones con la Península garantizadas por la flota española. En estos años se reforzaron las medidas defensivas, construyéndose las fortificaciones exteriores. Para llevar a cabo estos planes hubo que desplazar a la población a nuevos terrenos, y de este modo surgieron muchos de los barrios actuales.

Bajo el reinado de Felipe V la ciudad experimentó grandes cambios institucionales, con creciente predominio de las funciones militares. En los años 1715 y 1745 hubo reformas en sus estatutos, que condujeron a la pérdida de muchos de sus privilegios. El gobernador militar pasó a ser la principal autoridad de la plaza, dejando a la civil en un segundo plano.

Vista del castillo del Desnarigado, en Punta Almina. Debe su nombre a un esclavo de las minas del Rif, al que le habían cortado la nariz y que escapó y se convirtió en pirata.

Durante estos años se redujeron de manera considerable los contactos con Marruecos, y en 1708 se expulsó a los judíos, si bien pudieron regresar cien años más tarde. El carácter militar que iba adquiriendo la plaza hizo que la población musulmana disminuyera considerablemente y se propiciara la llegada de personas originarias de la Península.

La dinastía borbónica favoreció el desarrollo de los aspectos civiles de la ciudad, aunque sin desligarse de los militares. Eso dio pie a la reconstrucción de numerosos edificios y a un extenso plan de urbanización. Episodios relevantes del siglo XVIII fueron las epidemias de 1721 y 1743 y el asedio de 1791.

Un crisol de culturas y religiones

A principios del siglo XIX se amplió el penal para acoger a numerosos presos políticos, resultado todo ello de las grandes convulsiones de aquellos años, como el cambio de régimen, la guerra de la Independencia, que no afectó directamente a la ciudad, y la progresiva pérdida de las colonias americanas. En 1812 se creó el Ayuntamiento constitucional, que rigió los destinos de Ceuta aunque con intervalos de predominio militar en función de los distintos gobiernos de la época.

Ceuta, como la mayoría de las poblaciones costeras del Mediterráneo, no podía dejar de tener sus playas. En la costa mediterránea encontramos una de las más populares y también la más grande: la del Chorrillo. Es de arena dorada y su cercanía al centro urbano facilita la llegada a los bañistas. También en la costa mediterránea podemos citar las playas de La Ribera, la de Miramar en la que tienen su base las pequeñas embarcaciones dedicadas a la pesca artesanal del bonito y del pez volador, la del Taranjal y la de Tramaguera, que finaliza en la frontera con Marruecos. Otras playas, ubicadas en la costa atlántica, son las de Calamocarro, Benítez y la cala Punta Blanca. En éstas, el baño presenta una mayor dificultad por ser el oleaje más bravío, un aliciente por lo demás para los amantes de los mares encrespados y de aguas frescas.

La guerra de África de 1859-1860 puso de relieve muchos de los déficits que venía padeciendo la ciudad y que mermaban considerablemente su capacidad de desarrollo, e incluso su seguridad. Estos acontecimientos dieron lugar a cambios muy importantes, como la construcción de un muelle comercial y la declaración de puerto franco. Entre los cambios sociales más relevantes cabe citar el asentamiento de una población judía procedente de otras ciudades del Marruecos español, el comienzo de la llegada de hindúes y el aumento de los residentes musulmanes, así como el desarrollo de una prensa libre y la desmilitarización de la ciudad.

El siglo XX se inició con una serie de ambiciosas obras que ampliaron la ciudad, haciendo desaparecer también muchas de las puertas y puentes interiores que dificultaban el tránsito urbano. Se construyeron también nuevos muelles, los de España, Puntilla, y Alfau y en 1911 se su-

A la izquierda y arriba, dos vistas del puerto pesquero. Los romanos fueron los pioneros en este sector, al instalar salazones destinadas a aprovechar la gran riqueza pesquera de las aguas ceutíes.

En 1935 Ceuta rindió homenaje al teniente coronel González-Tablas, fundador del Cuerpo de los Regulares de Ceuta, dedicándole una estatua del escultor Enrique Pérez Comendador en la céntrica calle Edrissis.

primió el penal. También se construyó una línea de ferrocarril entre la ciudad y Tetuán. Toda esta actividad sólo vio interrumpido su ritmo por las revueltas de los líderes locales y las distintas campañas para someterlos, que finalizaron en 1927. Tras sublevación del ejército de Marruecos en 1936 la ciudad quedó desde el primer momento en manos de los generales golpistas, por lo que no experimentó los efectos directos de la contienda, aunque sí los posteriores de la dictadura.

En 1955 Marruecos alcanzó la independencia y Ceuta, lo mismo que Melilla, quedaron aisladas respecto a lo que había sido su hinterland tradicional, lo que repercutió sobre todo en su actividad económica. La ciudad volvió a adquirir un carácter militar, como acantonamiento de tropas. Esta situación comenzó a cambiar en 1966, con el creciente predominio de sus funciones civil, proceso que culminó en 1994 con la proclamación de Ciudad Autónoma. De este modo, a pesar de su marcado carácter hispánico, la ciudad ceutí se nos muestra en múltiples facetas socioculturales a través de la convivencia de cristianos, musulmanes, judíos e hindúes en una pacífica relación que le imprime su especial carácter.

Un recorrido turístico

En Ceuta vale la pena visitar los distintos barrios que forman la urbe, pues se encuentran en ellos grandes contrastes, con pinceladas de las diversas culturas que aquí se hallan representadas. Podríamos destacar barriadas como las de Benzú, La Almina, San Amaro, El Sarchal, La Puntilla, Villa Jovita, Postigo, España, Los Rosales, El Morro o La Almadraba.

Vista del barrio de Benzú, a los pies de una formación montañosa que, por su silueta, ha sido llamada la Mujer Muerta. Ceuta tiene típicas barriadas que aglutinan las diferentes culturas que allí coexisten.

Entre los restos más antiguos figuran una basílica paleocristiana del siglo IV, cerca del foso de Almina, y una necrópolis de la época romana que se encuentra fuera de las fortificaciones, en el lugar conocido como Puertas del Campo. Aquí se han hallado numerosas sepulturas de distintos siglos y de tipos muy variados, desde grandes sarcófagos de mármol hasta sencillas ánforas que servían de enterramiento.

Quien quiera conocer la ciudad no debe dejar de visitar el Museo Arqueológico que, entre sus colecciones, guarda las piezas que permitieron reconstruir la forma que tenía el ancla en la época romana. De estas mismas fechas datan unas ánforas muy interesantes, utilizadas para el transporte de aceite, vino, salazones, frutos, etc. El museo ocupa un edificio del año 1900, en el revellín de San Ignacio.

Una vez finalizado el recorrido por estas salas que recogen el pasado ceutí, al visitante se le brindan otras muchas posibilidades, como el Museo Militar del castillo del Desnarigado, ubicado en un fuerte construido a mediados del siglo XIX, el Museo de la Legión, donde se conservan recuerdos históricos de esta fuerza militar, o el Museo Catedralicio, con obras de arte religioso.

Otros lugares dignos de verse son el edificio del Ayuntamiento, de 1929, muestra unas interesantes vidrieras de la época, la catedral, construida en 1432, reformada en el siglo XVIII y dotada de una fachada neoclásica; el santuario de Nuestra Señora de África, donde se guarda la imagen de la patrona de la ciudad; o la ermita de San Antonio, de estilo neoclásico, situada en el monte

A la izquierda, una de las salas del museo del Desnarigado, en el castillo homónimo. Se exhiben piezas y documentos militares relacionados con la historia de la ciudad. Abajo, vista del interior de la fortificación actual, construida a mediados del siglo XIX.

 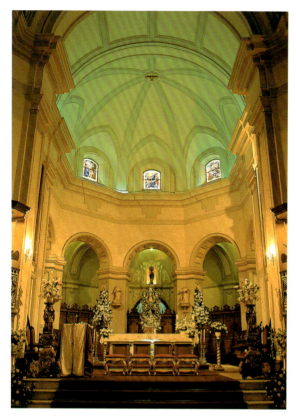

Arriba, retablo e imagen de Nuestra Señora de África, en el santuario homónimo. La fiesta de la patrona de Ceuta tiene su centro el 5 de agosto, con celebraciones religiosas y una feria similar a la de Sevilla.
A la derecha, interior de la catedral de Ceuta, remodelado entre 1944 y 1955 por José Blein. El edificio, de planta rectangular, consta de tres naves a las que se adosa una cabecera semicircular con girola.

Hacho y provista de un magnífico mirador. También se puede disfrutar de unas magníficas vistas desde el mirador de García Aldave. La fortaleza del monte Hacho, de origen probablemente bizantino, fue reconstruida por los españoles durante los siglos XVIII y XIX, y desde el reinado de Carlos III sirvió de penal. Merece la pena acercarse al antiguo Mercado de Abastos y contemplar la fachada de estilo modernista de la casa de los Dragones.

Muy distinto es el Parque Marítimo del Mediterráneo. Diseñado por César Manrique, ocupa una superficie de 50.000 m², con piscinas de agua salada, cascadas y palmeras, creando un ambiente singular que se une al paisaje del mar.

Las murallas

Los bizantinos fueron los primeros que construyeron una fortificación, cuando transformaron el antiguo asentamiento en ciudad, y sus murallas fueron ampliadas y reforzadas por los árabes. Sin embargo, el aspecto actual que presentan las murallas es el que adquirieron tras la conquista portuguesa en el siglo XVI, las dos cortinas de la Muralla Real y sus baluartes, con el foso y el puente levadizo que revitalizó las defensas de Ceuta para darle el carácter de ciudad fronteriza.

Las Murallas Reales forman parte del complejo defensivo que, con fosos, galerías, espigones y otras construcciones de este tipo, cerraba los límites costeros norte y sur y defendía la ciudad frente a la posible llegada de invasores por el Campo Exterior, en dirección al continente.

Ceuta tuvo fortificaciones ya en tiempo de la ocupación bizantina, pero las que se conservan son del siglo XVI (izquierda y abajo). Se componen de una doble muralla con baluartes, un foso navegable y puente levadizo.

Dos lienzos de la muralla y sus baluartes, el foso navegable y el puente levadizo se construyeron entre los años 1541 y 1549. Más tarde, durante el cerco de Muley Ismail (1694-1727), se ampliaron para hacer frente a nuevas amenazas. Durante las obras de renovación del puerto, a comienzos del siglo XX, se derribaron la última línea de las defensas y la parte norte del resto. Mientras recorremos las murallas podemos visitar los baluartes de Coraza Alta, Bandera y Mallorquines, que se prolongan en el Espigón de la Ribera.

Cruzando el foso Real se llega hasta las fortificaciones exteriores, con los baluartes de San Pedro y de Santa Ana, seguidos de la plaza de Armas. Nuevos fosos secos separan esta zona de la contraguardia de San Javier, el ángulo de San Pablo y el revellín de San Ignacio. Este último constituye una de las construcciones más relevantes del conjunto, de aspecto monumental. Se construyó en el siglo XVIII y presenta en su fachada principal unos ventanales en forma de óculos, así como el escudo heráldico de Felipe V. El conjunto constituye un interesante paseo por la ingeniería militar de los últimos siglos, y permite contemplar desde diversos puntos unas magníficas vistas.

Un clima propicio para las fiestas

Las temperaturas cálidas y la abundancia de sol hacen que la actividad festiva en las calles de la ciudad sea habitual. Siguiendo el curso del calendario citaremos algunas de las más vistosas. El día 5 de enero se celebra una alegre cabalgata que recorre las calles, profusamente adornadas con la decoración navideña, y que tiene a los niños como su público principal.

El Carnaval goza de una larga tradición. Numerosas sociedades culturales organizan fiestas y bailes, y la celebración conjunta culmina con la lectura del pregón y la coronación de la reina del Carnaval. En los desfiles callejeros participan personas ataviadas con los más diversos disfraces, que en ocasiones alcanzan un alto grado de destreza artística. Las procesiones de Semana Santa se remontan al año 1581. Organizadas por las distintas cofradías, atraen a numerosos ceutíes y visitantes. Son también características de la ciudad las cruces de mayo, confeccionadas y decoradas por cofradías, asociaciones, barrios y locales, y expuestas durante los fines de semana del mes de mayo.

La festividad del Corpus Christi se celebra con una procesión que recorre las principales calles, destacando la alfombra de flores que se elabora en el paseo del Revellín. El 13 de junio, festividad de San Antonio de Padua, se celebra una romería hasta la ermita del santo, situada en el monte Hacho, que goza de gran popularidad. La víspera del día 24 de este mismo mes, San Juan, se prenden hogueras en las playas y en las barriadas. Son fiestas muy populares, y es tradición bajar a la playa durante esa noche para mojarse los pies en el agua pues, al parecer, ello depara felicidad y suerte para el resto del año.

Las festividades religiosas son numerosas en Ceuta, destacando las de Semana Santa, las Cruces de Mayo, Corpus Christi y Nuestra Señora del Carmen.

Como en otras muchas ciudades portuarias, especialmente las del campo gibraltareño, el 16 de julio, Nuestra Señora del Carmen, los marinos y pescadores organizan solemnes festejos, entre ellos una procesión marítima de barcas engalanadas que acompañan a la que transporta la imagen de la Virgen. El 5 de agosto tienen lugar las fiestas en honor de Santa María de África, patrona y alcaldesa perpetua de la ciudad. Es una celebración impregnada de ambiente andaluz, que se materializa en las casetas decoradas que montan las distintas entidades culturales en un recinto similar al de la feria de abril de Sevilla. Tras el pregón, se procede a coronar a la reina de las fiestas. Se organizan también desfiles de carrozas y fuegos artificiales. El 10 de octubre se celebra la festividad de San Daniel y sus Compañeros Mártires, patrones de la ciudad. Después de una procesión se celebra una verbena en la plaza contigua a la catedral, y es tradición que los ceutíes, llamados popularmente «caballas», acudan con sus animales domésticos para que reciban la bendición. Por último, con la llegada del otoño, en la festividad de Todos los Santos, se organiza el llamado «día de la Mochila», una costumbre muy arraigada en la que jóvenes y niños salen al campo llevando frutos secos en su mochila para consumirlas allí en un ambiente festivo.

Gastronomía y ocio

La gastronomía ceutí tiene fuertes raíces andaluzas, con el pescado fresco y el marisco de sus aguas como ingredientes de gran relevancia. Abundan los restaurantes donde comer bien, entre los que destacan los de la zona del Ravellín, el puerto y las Murallas Reales. En la zona del Hacho pueden degustarse muchas especialidades de la cocina marroquí. Son también muy numerosos los locales de tapeo, donde degustar variedades locales y andaluzas. En los alrededores de la plaza de la Constitución abundan los buenos restaurantes especializados en cocina ceutí, así como bares de copas, que se encuentran también en la calle de Meneses, centro neurálgico de la movida nocturna.

En el entorno privilegiado de la bella plaza de África se alza la catedral de la Asunción, consagrada en 1726 aunque remodelada en posteriores ocasiones. Destaca la bella fachada de aire clasicista de mediados del siglo XX, con un cuerpo central rematado por frontón triangular y flanqueado por dos torres gemelas.

Melilla
pequeño enclave mediterráneo

El territorio melillense ocupa una pequeña porción de terreno de escaso relieve en el norte de África. El núcleo urbano dibuja un amplio semicírculo en torno a la playa y el puerto, que se abren al mar de Alborán desde la vertiente oriental de la península del cabo de Tres Forcas. El monte Gurugú, a sus espaldas, y la desembocadura del Río del Oro son los restantes accidentes geográficos que definen su perímetro. La ciudad surgió junto a una fortaleza situada frente a las costas de Andalucía oriental, a orillas del Mediterráneo, y su historia guarda gran similitud con la de Ceuta, el otro enclave español en el norte de África. Por su estratégica ubicación, desempeñó un papel crucial en diversos lances históricos, y en las épocas de paz su agradable clima le proporciona un alto valor añadido como lugar de residencia o atractivo destino turístico

Limítrofe con Marruecos y cercana a Argelia, dos de las grandes naciones del Magreb, esta urbe de más de 70.000 habitantes cuenta con tantos ciudadanos españoles de religión católica como musulmanes, oriundos de la limítrofe región del Rif, que hablan su propia lengua además del castellano, y de ahí se deriva una de sus principales singularidades. También acoge una pequeña comunidad judía, integrada mayoritariamente por descendientes de los sefardíes expulsados por los Reyes Católicos. Para sorpresa de muchos, constituye una de las ciudades españolas donde el modernismo aparece más extendido en el paisaje urbano. La mayoría de los edificios modernistas, cuyo número se cifra en unos 500, se distribuyen por el ensanche de la ciudad, y muchos de ellos son obra de Enrique Nieto y Nieto, un aventajado discípulo de Gaudí que trabajó sobre todo en Melilla.

En la doble página anterior, la imponente ciudadela de Melilla, que domina el dinámico puerto deportivo. Tras el recinto amurallado se extiende la parte de la ciudad conocida como «el Pueblo».

En la página izquierda, las trazas árabes de las intrincadas callejuelas del casco urbano de Melilla, que conviven con los testimonios de su pasado como enclave militar.

Ciudad fronteriza

El escaso relieve que separa a la Ciudad Autónoma del vecino Marruecos hace que ya en el pasado resultara difícil su defensa frente a los invasores. Hoy se ve enfrentada a un nuevo reto, el de la inmigración clandestina. Melilla se ha convertido en una de las principales fronteras meridionales de la Unión Europea.

El territorio comprende no sólo la ciudad en sí misma, sino también las islas Chafarinas y los peñones de Alhucemas y Vélez de la Gomera. La ciudad se encuentra rodeada de una franja de terreno neutral de 500 metros de anchura, que sirve de separación frente al territorio marroquí. Se encuentra situada en la costa oriental de la península de Tres Forcas, junto a la desembocadura del Río de Oro, de régimen estacional, que rara vez transporta agua y constituye una rambla que atraviesa la urbe. El territorio, que tiene unos 12 km^2, presenta escaso relieve en la costa mientras que en el interior es ligeramente ondulado y asciende algo hacia las faldas del macizo del Gurugú. El principal accidente geográfico de este territorio es la pequeña península rocosa de unos 30 metros de altura donde se sitúa la ciudad vieja.

Imagen del escarpado litoral de las inmediaciones de Melilla, ciudad que se levanta en la parte occidental de una ensenada comprendida por los cabos de Tres Forcas y de Agua, frente a la costa de Málaga.

Rusadir es el nombre con el que conocían fenicios y romanos la península donde se ubica la ciudad. Los hallazgos arqueológicos señalan que los hábiles navegantes y mercaderes de Fenicia se establecieron en el lugar. Más tarde fundaron en las cercanías de la actual Túnez la ciudad de Cartago, que se independizó de la metrópolis, en Tiro, y se convirtió en un imperio hegemónico en el Mediterráneo occidental. De este modo, Melilla entró a formar parte de los dominios cartagineses.

A los cartagineses les sucedieron los romanos, que durante el reinado de Claudio otorgaron a Rusadir la categoría de colonia, incorporada a la Hispania Mauritana. La historia siguió su curso y una Roma debilitada cedió la antorcha de los tiempos a los pueblos invasores. Los vándalos procedentes de la Península desembarcaron en el año 429 en Ceuta y arrasaron las antiguas colonias romanas, destruyendo el viejo asentamiento melillense. A los vándalos les siguen los visigodos, que se encargaron de reconstruir la ciudad, labor que continuaron algún tiempo después los bizantinos, herederos orientales del Imperio. Permanecieron estos últimos en Melilla hasta la fulminante entrada de los seguidores del islam.

La llegada de los musulmanes

En el año 696 los guerreros árabes llegaron a la región y tras vencer a los bizantinos y a la población autóctona, una parte de la cual se retiró a las áreas montañosas del interior desde donde continuó con su resistencia, iniciaron una nueva etapa en la historia de la ciudad. Entre otras cosas, cambió su nombre por el de Mlilia, del que procede el actual con el que la conocemos.

El excelente emplazamiento hizo que los invasores reconstruyeran la urbe y la dotaran de nuevos servicios con el fin de fomentar su progreso económico, algo que lograron plenamente, pues Melilla se convirtió en un importante y floreciente puerto y sus habitantes vivieron tiempos de gran prosperidad.

Un acontecimiento adverso en este desarrollo se produjo el año 859, cuando llegaron hasta allí los hábiles navegantes vikingos en una de sus numerosas correrías por el Mediterráneo. Tras desembarcar en la playa, asaltaron, saquearon e incendiaron la ciudad al igual que otras poblaciones del norte de África. Los habitantes que pudieron huir regresaron más tarde y reconstruyeron la urbe, consiguiendo recuperar su antiguo esplendor.

En 926, las tropas de Abd al-Rahman III ocuparon Melilla. Entonces se reforzaron las viejas murallas y se construyeron nuevas mezquitas, baños y otros servicios. Constaba el conjunto urbano de una ciudadela central, alrededor de la cual se distribuían las restantes edificaciones. La

Muralla Real de la ciudadela, construida en el siglo XVI, vista desde la plaza de las Armas, que actualmente se encuentra ajardinada.

El dinámico puerto comercial de Melilla. Los fenicios fueron los primeros que comprendieron la importancia estratégica de esa ensenada en el norte de África.

prosperidad melillense provocó enfrentamientos entre los sultanes de Fez y de Tlemecen, que prosiguieron a lo largo de los siglos XIV y XV, hasta que finalmente sus habitantes huyeron, abandonándola con todos sus bienes. Este hecho marcó el final de una época.

El dominio español

Los piratas berberiscos se habían convertido en un temible peligro para los navegantes que surcaban las aguas del Mediterráneo, impidiendo en gran medida el comercio. Los Reyes Católicos, con objeto de contrarrestar esta amenaza, y también con el deseo de disponer de bases en el norte de África que afianzaran la Reconquista e impidieran nuevas invasiones en el futuro, proyectaron invadir Melilla una vez finalizada la expulsión de los musulmanes de la Península.

Numerosos fugitivos procedentes de la antigua al-Andalus se habían dispersado por distintas regiones del norte de África, estableciendo focos de resistencia en algunos lugares, entre ellos Melilla. Este hecho hizo que el comendador Martín Galindo, enviado a inspeccionar la zona, desaconsejara emprender la conquista. El duque de Medina Sidonia, gobernador de Andalucía, decidió entonces hacerse cargo él mismo de la empresa y, tras solicitar la autorización de los monarcas, organizó una expedición de más de cinco mil hombres, bien pertrechados, cargando además en las naves alimentos suficientes y todos los materiales necesarios para reconstruir la ciudad.

En septiembre de 1497, la flota dirigida por Pedro de Estopiñán llegó frente a las costas melillense y, según los cronistas de la época *«e allegando la noche»*, la primera cosa que hicieron fue sacar a tierra un enmaderamiento de vigas que «*se encaxavan e tablazón que llevavan hecho de Hespaña. E trabaxaron toda la noche...*». En pocas horas quedó reconstruida de modo provisional la vieja muralla y nuevas torres defensivas se levantaron en su perímetro. La población local huyó, tomándoles por diablos. Cuando las tropas árabes se reunieron para atacar, Melilla contaba ya con capacidad propia para defenderse, mientras continuaban las obras de reforzamiento. Así, el 17 de septiembre de 1497 quedó conquistada Melilla. Estopiñán informó de ello al duque de Medina Sidonia y éste lo puso en conocimiento de los Reyes Católicos.

La inexistencia de defensas naturales, con la consiguiente dificultad para hacer frente a cualquier invasor, obligó a las tropas españolas a desarrollar un amplio plan de fortificaciones. El primer alcaide de la ciudad, el capitán Gómez Suárez, construyó un gran foso hacia el interior y reforzó la estructura de las murallas. Su labor la continuaron casi ininterrumpidamente todos los restantes alcaides que le sucedieron, dotando así a la ciudad de una formidable red de elementos de defensa.

Durante el reinado de Carlos I, el ingeniero militar Tadino de Martinengo introdujo diversas mejoras en la construcción y fue también autor de la Puerta de Santiago o Puerta del Campo. En 1556, el duque de Medina Sidonia cedió la plaza a la Corona pues los enormes gastos que suponía su mantenimiento ponían en peligro la continuidad de la empresa. Felipe II nombró alcaide a Alonso de Urrea.

Panorámica general de la ciudad, con el Parador Nacional al fondo. La zona antigua ofrece, entre fortificaciones, un plano irregular y desordenado, en tanto la nueva sigue un trazado rectilíneo, moderno, con anchas avenidas y numerosos espacios verdes.

Tranquilidad y dificultades

Tras hacerse cargo la Corona de la plaza, al tiempo que aumentaba el poder de los ejércitos españoles en todo el mundo, los ataques musulmanes fueron volviéndose más esporádicos, lo que propició un largo período de tranquilidad para la ciudad.

Uno de los episodios más conocidos tuvo lugar poco después de que se hiciera cargo del gobierno el sucesor de Alonso de Urrea, Don Pedro Venegas de Córdoba. Mohamed Ben Al-lal consiguió convencer a varias tribus de que era posible atacar la ciudad y vencer a los cristianos. Al tener noticias Venegas de esa amenaza ideó una estratagema para vencer al atacante. Ordenó dejar abierta una de las puertas de la fortaleza y apostó allí a la guarnición a la espera de la llegada de sus enemigos. El 26 de abril de 1564 éstos entraron, creyendo que se trataba de un olvido de los defensores, y fueron sorprendidos por las tropas españolas que mataron a gran número de ellos y capturaron al resto. De esta época datan los aljibes que se construyeron debajo de la plaza y que se clausuraron en 1571, tal como podemos leer hoy en una placa informativa que hay en el lugar.

El progresivo declive del Imperio español tuvo también graves consecuencias para la ciudad. La Corona, agotados sus recursos en la administración de sus extensas posesiones y en infinidad de conflictos, no podía atender las necesidades de la plaza. La guarnición sufría estrecheces, y a pesar del peligro que eso suponía para hacer frente a los ataques musulmanes, que comenzaron a multiplicarse, la situación siguió empeorando. El gobernador Ramírez de Arellano murió en julio de 1646 en una de sus salidas para hacer frente a los atacantes, y otro tanto sucedió en mayo de 1649 con Luis de Sotomayor.

A la izquierda, una de las puertas de la muralla que se abren en la plaza de Armas. A la derecha, puerta de Santiago, realizada por Tadino de Martinengo durante el reinado de Carlos I. Se integró a las defensas de la ciudad, que fueron levantadas a partir de la ocupación española, en 1497, a cargo de Pedro de Estopiñán.

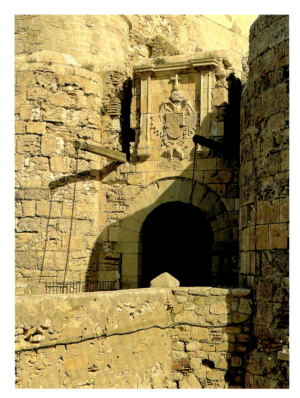

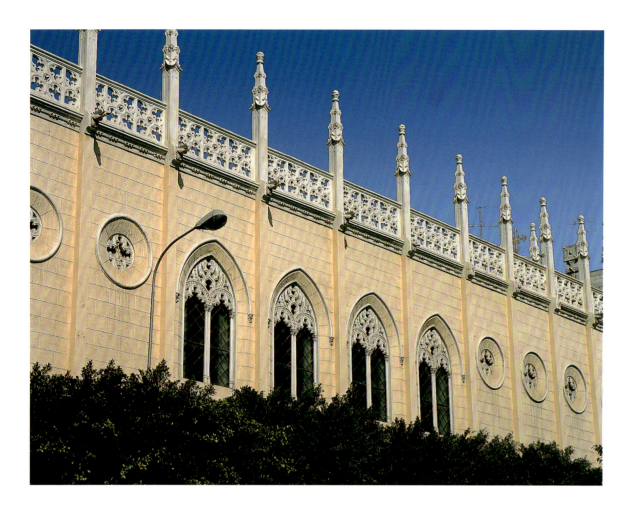

Edificio de la Casa de la Cultura. El dominio español significó la introducción de estilos arquitectónicos similares a los usados en la Península, así como de nuevas instituciones y costumbres.

El 5 de agosto de 1660 se produjo un fuerte terremoto que destruyó una parte importante de las defensas de la ciudad, que quedó en situación tan precaria que no hubiera podido resistir un ataque de los musulmanes. Sin embargo, éstos quedaron tan atemorizados por la fuerza del seísmo que no se atrevieron a emprender ningún tipo de acción.

Sultanes y cañones

La llegada al trono marroquí de Muley Ismail ben Cherif en 1672 supuso un período de constante peligro para Melilla, lo mismo que para los restantes emplazamientos europeos en el norte de África. Un ataque en el año 1679 supuso el bloqueo total de la ciudad al caer en poder musulmán los fuertes exteriores de San Francisco y Santiago. En 1686, gracias a los refuerzos de la Península, se evitó en última instancia la caída de la plaza. También fueron intensos los combates en 1694 y en particular en 1715, cuando las tropas de Muley Ismail consiguieron apoderarse de los cuatro fuertes exteriores e iniciaron un largo asedio a la ciudad. En febrero de 1716, las tropas musulmanas, desanimadas al no conseguir vencer la resistencia melillense, abandonaron el sitio.

A partir del año 1721, los musulmanes comenzaron a utilizar la artillería en sus ataques, apostándose en un cerro desde el que dominaban la ciudad. El gobernador Antonio de Villalba, en un vigoroso contraataque consiguió apoderarse de esa posición y mandó construir allí el fuerte

La mezquita Central, principal edificio de culto musulmán en Melilla, proyectado, en 1945, en estilo neoárabe por Enrique Nieto.

Barrios musulmanes. Los árabes llegaron a la ciudad de Melilla a finales del siglo VII.

de Victoria Grande, finalizado en 1735, que unió mediante una muralla con los restantes fuertes, y de este modo cerró la línea defensiva, dotando a Melilla de una eficaz defensa frente a los ataques realizados por tierra.

El rey Carlos III dotó a la ciudad de una guarnición bien pertrechada, anticipándose de este modo a los planes de ataque del sultán de Marruecos, que quebrantaba así el tratado de paz firmado con anterioridad. El asedio comenzó en diciembre de 1774, bombardeando con sus cañones y reduciendo a cenizas gran parte de los edificios civiles, pero sin lograr vencer la resistencia. Ante la imposibilidad de realizar un asalto y las graves pérdidas que les infligieron los defensores en el curso de varias salidas, las tropas musulmanas levantaron el cerco en marzo de 1776. En 1780 se firmó un nuevo tratado de paz con Marruecos, que supuso un nuevo período de tranquilidad, roto sólo ocasionalmente por los ataques de algunas tribus locales.

Los graves problemas que asolaron a toda España durante este siglo dejaron también una fuerte huella en la ciudad. Sirvió de prisión para los prisioneros franceses hechos durante la guerra de la Independencia y, más tarde, para los presos políticos víctimas de la represión de Fernando VII. En 1838, los carlistas se apoderaron de Melilla, pero al cabo de tres meses la entregaron de nuevo a las tropas isabelistas.

Estos problemas dieron fuerza a los enemigos tradicionales, que intensificaron sus ataques a lo largo de todos estos años, así como a los piratas, que asaltaron en numerosas ocasiones los buques procedentes de la Península. En 1848, una escuadra bajo el mando del capitán general

 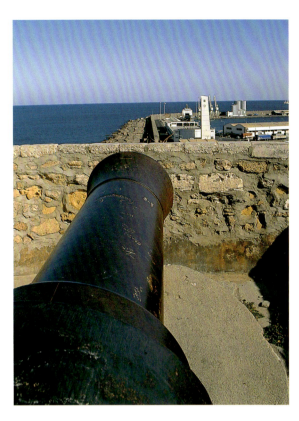

En el siglo XVIII la artillería árabe, desde un cerro, causó serios problemas a los españoles. Pero el gobernador Antonio de Villalba lanzó un contraataque, logró tomar esa posición y extendió las murallas hasta ella. Desde entonces, Melilla resultó inexpugnable.

Francisco Serrano tomó posesión de las islas Chafarinas, dejándolas bajo la administración de Melilla. Ante los continuos ataques de las cabilas rifeñas y la incapacidad de controlarlos por parte del sultán de Marruecos, se firmó el tratado de paz de 1860, por el cual se ampliaba el territorio de la ciudad, basándolo en el alcance de un cañón y dejando una franja de terreno neutral entre ambos territorios.

El siglo XX

El siglo XX comenzó con numerosos levantamientos en las cabilas cercanas a la ciudad, tanto en contra de ésta como del sultán de Marruecos. Especial eco en la Península tuvo la batalla del monte Gurugú, en julio de 1909, con un elevado número de bajas españolas.

La anarquía reinante en todo el norte de África propició que en noviembre de 1912 Francia y España establecieran el Protectorado de Marruecos, fijando el centro de operaciones del sector español en Melilla. Sin embargo, la labor de pacificación se prolongó hasta 1927, con algunos episodios tan sangrientos como el desastre de Annual, el 23 de julio de 1921, tras el cual las tropas de Ab-del Krim sitiaron la ciudad por espacio de tres meses. El desembarco español en Alhucemas fue el golpe definitivo a las cabilas, que en poco tiempo quedaron derrotadas.

El golpe de los militares contra el gobierno de la República se inició en Melilla, el 17 de julio de 1936, un día antes que en las restantes áreas golpistas. Finalizada la guerra, la ciudad vivió un período de grandes cambios urbanos que configuraron el actual panorama.

MELILLA

295

En la céntrica plaza de España de
Melilla se alza el monumento a los
Héroes y Mártires de las Campañas
de Marruecos, obra del melillense
Juan López en estilo *Art Déco*,
inaugurado en 1931.

Vista parcial de Melilla. Su jurisdicción comprende las islas Chafarinas y los peñones de Alhucemas y Vélez de la Gomera. Los problemas creados por los regímenes autoritarios y el subdesarrollo de África han colocado a Melilla como frontera meridional de la Unión Europea y como uno de los primeros frenos a las ansias emigratorias de miles de africanos.

Fiestas, playas y gastronomía

Las festividades principales de la ciudad son las cruces de mayo, similares a las de Ceuta, y la fiesta de Nuestra Señora de la Victoria, que tiene lugar en la primera semana de septiembre, además de las tradicionales fiestas marineras de la Virgen del Carmen y los populares festejos en torno a las hogueras de San Juan.

Las cálidas aguas del Mediterráneo invitan al baño y la ciudad dispone de varias playas, entre las que cabe mencionar las de Rostrogordo al norte, y las de San Lorenzo, los Cárabos y la Hípica, en la ensenada formada entre el puerto y el dique sur.

Pero el viajero encontrará también numerosos bares donde tomar unas tapas y restaurantes en los que podrá disfrutar de los placeres de la gastronomía local, de marcado carácter andaluz, con un claro predominio de los pescados (sardinas, chanquetes, boquerones, etc.), los calamares, las cigalas, las gambas y las langostas así como almejas, mejillones y otros manjares del mar. Melilla ofrece también platos característicos de la cocina marroquí, como el cuscús, y especialidades propias, como el pincho que se toma acompañado de un té de hierbabuena.

Monumentos y lugares de interés

La necesaria fortificación de la ciudad para hacer frente a las guerras e invasiones ha dejado un interesante legado histórico, constituido en esencia por cuatro recintos, tres de ellos levantados sobre el montículo rocoso que forma una pequeña península. Estos recintos se encuentran separados entre sí por un foso y están dotados de murallas y torres, que se fueron construyendo entre los siglos XVI y XVIII. En este último se procedió a la reconstrucción total de todas las obras anteriores y al reforzamiento de algunos de sus puntos.

Abajo, el monumental Ayuntamiento de Melilla, en la plaza de España, una de las construcciones modernistas más notables de la ciudad. A la derecha, decoración de la fachada de uno de los edificios levantados a principios del siglo XX en la avenida Juan Carlos I.

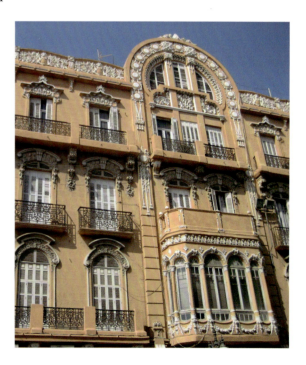

El parque Hernández es uno de los lugares emblemáticos de la moderna Melilla. Es lugar de encuentro y centro de diversas actividades culturales y festivas.

El conjunto de estas ciudadelas configuran la ciudad vieja, alrededor del barrio de Medina Sidonia. Aquí se encuentra el puerto. Merece la pena visitar los torreones de La Cal, del año 1677, y de Muñiz, de 1515. Éste cambió su nombre por el de San Juan y en 1660 resultó destruido por un terremoto, aunque se reconstruyó en 1662.

Entre los templos más interesantes de la ciudad destaca la iglesia de la Purísima Concepción, que es la patrona de Melilla. Se construyó entre los años 1657 y 1683, pero un fuerte temporal provocó graves daños en 1751. Durante los trabajos de reconstrucción, que finalizaron en 1757, se le añadieron varios camarines y una capilla. Toda la decoración en yeso, así como las bóvedas y los arcos, son de estilo barroco. En el interior de la iglesia, se guarda una imagen del Cristo del Socorro.

Sorprende encontrar en las calles de Melilla un gran número de edificios en estilo modernista, especialmente los de la plaza de España y sus alrededores, entre otros el Ayuntamiento. Son obra del arquitecto catalán Enrique Nieto, que fue discípulo de Gaudí. Otros edificios dignos de visitar son el Hospital Real, los aljibes de Peñuelas, del siglo XVI, y la capilla de Santiago, con una hermosa bóveda en estilo gótico. Resulta igualmente interesante un recorrido por el Museo Municipal, que alberga colecciones de monedas, cerámicas y armas de distintas épocas.

Sorprende la cantidad de edificios de estilo modernista que se han levantado en Melilla, como el de La Reconquista (1915), ubicado en la plaza Menéndez Pelayo. Fueron realizados por el arquitecto Enrique Nieto, discípulo de Gaudí.